리헌석 문학평론가의 독서록 · 〈1989~1999〉 신인작품 심사평

문학창작의 첫사랑 ❶

저자 리 헌 석

오늘의문학사

문학창작의 첫사랑 ❶

❥ 발간사

#

시인 한 분이 난(蘭) 화분을 들고 오셨습니다. 얼른 일어나 반겼습니다. 연녹색 꽃빛이 은은한 화분을 책상 위에 내려놓으면서 다짜고짜 "고맙다"고 하셨습니다.

좌정하여 들어본 말씀인즉, 수년 전에 회사에서 퇴임하였다는 것, 하루는 산에 가고, 하루는 바둑을 두고, 하루는 노래교실에 가고, 하루나 이틀은 하릴없이 TV나 보면서 가끔 글을 쓰는데, 너무나 무기력해진다는 하소연입니다. 그러다가 신인작품상 받을 때의 심사평과 당선 소감, 수상 작품을 읽으면서 초심(初心)을 되찾았다는 말씀이셨습니다.

시 창작의 길은 끝이 없으니 더욱 노력하여 한국 문단의 큰 별이 되기를 당부하는 심사평을 오랜만에 다시 읽고, 언감생심(焉敢生心)이지만, 작은 별이라도 되어야겠다고 눈빛을 반짝이셨습니다.

#

문학평론가라는 호칭 때문에, 30대 초부터 문인 지망생의 작품 심사 기회가 잦았습니다. 작품을 독서한 후에 평가하여 등위를 매기고, 심사한 분들과 상의하여 선정자를 발표하면 종료되지만, 심사평은 대부분 내 차지가 되었습니다. 예심위원일 때에도, 어른들의 당부에 따라, 디시금 작품을 정독하고 심사평을 작성해야 했습니다.

1984년에 한국문인협회에서 발간하는 《월간문학》 신인작품상에 등단하면서부터, 간헐적으로 평론과 해설을 집필하여 지면에 발표하였습니다. 그러다가, 1989년부터 가끔 지역 신문의 신춘문예 심사를 하게 되었고, 몇몇 문학지의 신인작품 심사도 하였습니다.

쓴 분의 입장을 살펴 역지사지(易地思之)하는 심사평을 쓰려고 고심(苦心)하였습니다. 선정된 분의 위치에서 심사숙고(深思熟考)하였습니다. 힘들고 성가시기도 하였지만, 문학 지망생들의 첫사랑을 귀히 여기는 즐거움으로 성심을 다하였습니다.

이때 작성한 글들을 모았습니다. 일부 소장한 책과 신문이 멸실(滅失)되어 심사평을 찾을 수 없는 것도 여럿이었습니다. 그래서 더 사라지기 전에 묶어야겠다고 결심했습니다. ① 본심 심사위원의 일원으로 작성한 심사평, ② 예심위원이었지만 문단 원로들의 당부로 집필한 글, ③ 주간 또는 발행인으로서 심사한 작품평 등을 편집하였습니다. 집필 시기별로 묶어 네 권으로 편집하기에 이르렀고, 그 첫 번째 책입니다.

신인들이 등단하기 위하여, 작품을 응모하는 것은 문학 창작의 첫사랑이라고 생각했습니다. 그 첫 순정을 숙고하면서 작성한 심사평은 짧고 간결하지만, 평자(評者)의 혼과 정성이 담긴 글입니다.

#

필자도 문학에 대한 사랑과 관심이 무디어질 때, 스스로 추스르기 위하여 〈문학에 대한 나의 잠언〉을 되새깁니다. 문학에 대한 내면의 갈등이 밀려오면 이 글을 다시 읽습니다.

문학은 역사 이래 예술 중의 으뜸으로 자리매김 되어 왔습니다. 아름다운 서정을 노래하기도 했으며, 사회 여러 분야의 아픈 곳을 어루만지기도 했고, 때로는 문학이 곧 학문의 중심이기도 했습니다. 문학은 질풍노도가 되어 세상의 어둠을 쓸어내기도 했으며, 어두운 밤에 촛불의 역할을 자임하기도 했고, 새벽을 노래하는 닭 울음으로 새로운 시대의 도래를 예언하기도 했습니다.

이와 같은 문학의 가치와 꿈을 가꾸기 위해, 1977년부터 문학의 텃밭을 가꾸고 있습니다.

2024년 3월 1일 저자 리헌석 손모음

☆ 동명이인(同名異人)이 있을 수 있습니다.

☆ 한 사람이 타 장르에 다시 당선한 분도 있습니다.

❥ 목차

1989~1999 신인작품 심사평

문학창작의 첫사랑 ❶

『오늘의문학』 1989년 통권 18호 1989. 7. 23.

삶의 총체적 체험을 언어로 형상화한 미적 구조가 문학이라 할 때, 문학이 갖는 또 다른 특성은 함축적 의미와 개성적 창조이다. 따라서 개인의 독특한 표현인 문학을 어떤 척도에 의해 평가한다는 것은 불가능한 것이며, 동시에 개성 있는 문학작품을 비교 평가한다는 것은 더 더욱 난감한 일임에 틀림없다.

그럼에도 불구하고 현실적으로는 문학작품에 대해 비평(평론)하고 있으며, 심사 제도에 의해 비교 평가하고 있다. [오늘의 문학 신인상] 역시 절대적 가치와 비교적 가치 평가의 도구에 의하여 심사될 수밖에 없다. 종합문예지의 성격대로 응모작품 역시 시 · 소설 · 수필 세 장르에 다양한 작품이 접수되었으며, 최종심에 몇몇의 작품을 올려놓고 심사숙고한 결과 심사위원들은 다음과 같은 결론에 일치된 견해를 보였다.

1. 詩 심사평

시 응모자는 이영옥 외 57명이었으며, 개인별 3편에서 12편까지 응모작품을 보내왔다.

논의의 대상이 된 작품은 이영옥(논산)의 「나의 기도」 외 9편, 신기순(대전)의 「대천행」 외 9편, 박향숙(금산)의 「내 마음의 공간을 위하여」 외 4편, 한만봉(홍성)의 「가을」 외 9편, 이시형(청주)의 「꿈」 외 7편 등이었는데, 한만봉은 시상의 정리가 깔끔하지 못하여, 이시형은 시어의 무분별한 남용이 심하다는 이유로 제외되어 이영옥, 신기순, 박향숙의 작품을 두고, 논의에 논의를 거듭했다.

세 작품 모두 고른 수준이었기에 우열을 가리기가 힘들고, 작품이 특별히 뛰어나지 않다는 견해로 인해 세 사람의 작품을 모두 당선작이 아닌 가작으로 선택하자는데 뜻이 모아졌다. 그러나 가작 제도가 없는 관계로 좀 다수이긴 하나 세 사람 모두 당선시켜 앞으로의 문학 활동을 기대하자는데, 서로가 양보하며 흔쾌히 서명했다.

진실성이 돋보이는 〈이영옥〉, 언어의 감각성이 돋보이는 〈신기순〉, 서정성이 돋보이는 〈박향숙〉 세 분께 축하의 인사를 보내며, 앞으로 치열한 시정신을 보여주길 기대하는 바이다.

2. 소설 심사평

단편소설 응모자는 구혜영 외 11인이었으며, 개인별 1편에서 2편까지 응모작품을 보내왔다.

논의의 대상이 된 작품은 이철우(서울) 「밤의 도시」, 이상우(대전)의 「만리포 안개」, 김명수(공주)의 「신한중록」 외 1편, 조주영(대전)의 「꿈 I」, 구혜영(전주)의 「육이구의 얼굴」 등이었다.

그러나 소설의 일반 수준에 못 미친다는 심사위원들의 지적에 따라 윤독을 거듭하고 도출된 결과는 전 작품이 가작 수준이라는 것이다. 이에 심사위원들은 모두 당선이냐 모두 탈락이냐에 대한 의견의 개진이 있었는데, 탈락 쪽의 견해에 동조하게 되었다.

역량 있는 신인들의 출현을 다음 회로 미룬다.

3. 수필 심사평

수필 응모자는 이천영 외 22인이었으며, 개인별 1편에서 3편까지 응모작품을 보내왔다.

논의의 대상이 된 작품은 이천영(천원)의 「까치의 주검」 외 2편, 이진선(대전)의 「겨울 아침」, 허소화(서산)의 「바다의 여명」, 이원희(대구)의 「새 정치는 새 부대에」 외 1편, 김지혜(대전)의 「보문산 입구에서」 등이었다.

심사위원들은 심사숙고한 후에 이천영의 작품과 이원희의 작품을 최종심에 두고 저울질을 했으나, 정치색이 짙은 이원희의 작품은 선외에 두기로 합의했다.

〈이천영〉 씨께 수필 문학의 새 장을 여는 새 일꾼이 될 것을 축하하는 바이다.

『오늘의문학』 1990년 통권 20호 1990. 7. 15.

문학을 일컬어 「삶의 축도」라고 정의를 내리고 있다. 즉, 삶의 총체적 경험을 언어로 형상화한 구조가 문학이며, 이는 개인이 갖는 특수성에 비추어 언어로 빚어내는 예술에 다름 아니라는 평설이다.

오늘의 문학 제5회 신인상에 응모한 작품들은 개개인의 문학적 역량에 따라 창조된 예술이며, 이를 심사 및 평가한다는데, 숙연한 자세를 갖게 했다. 시 · 수필 · 소설 · 문학평론이 접수되었는데, 심사위원들의 합의하에 몇몇의 작품들을 본심에 올리고, 심사숙고하여 심사위원들은 다음과 같은 결론에 일치된 견해를 보였다.

1. 詩 심사평

시 응모자는 이경아 외 63명이었으며, 개인별 5편에서 10편까지 응모작품을 보내왔다.

논의의 대상이 된 본심 작품은 이경아(인천)의 「겨울 하늘」 외 7편, 이봉직(대전)의 「강」 외 4편, 김혜정(서울)의 「추석 성묘」 외 6편, 윤덕란(대전)의 「군불」 외 5편, 이현옥(서울)의 「임금님 귀는 당나귀 귀」 외 4편, 권숙자(강원도 정선)의 「바람」 외 8편, 박선옥(대전)의 「허새비」 외 4편, 이금희(전북 전주)의 「민족」 외 4편 등이었는데, 재차 검토한 후의 〈이경아〉, 〈이봉직〉, 〈김혜정〉, 〈윤덕란〉의 작품을 두고, 논의를 거듭했다.

개개인의 장단점이 도출되어 심사위원에 따라 선호도가 달라 의견의 일치가 힘들었다. 삼차 논의의 결과 네 명 모두 부족한 면이 보이더라도 앞으로의 기대를 모으는 뜻에서 당선작으로 뜻을 모았다. 네 분께 축하의 인사를 보내며, 앞으로 한국 시문학의 횃불이 될 때까지 정진하기를 기대하는 바이다.

2. 소설 심사평

단편소설 응모자는 콩트 포함하여, 신덕수 외 17명이었으며, 개인별 1편에서 2편까지 응모작품을 보내왔다.

논의의 대상이 된 작품은 신덕수(서울)의 「광대별곡」, 이자경(대전)의 「꿈은 꿈으로 좋았다」, 정덕영의(충남 공주) 「곰쓸개」 외 1편, 구연옥(강원 동해시)의 「아직도 부는 바람」 등이었다.

그러나 소설의 일반 수준에 미치지 못하고 있다는 심사위원들의 지적에 따라 윤독에 윤독을 거듭한 결과 『오늘의 문학』 신인상의 자리매김을 한 단계 격상시키기 위해서도 억지 당선은 안 된다는 일치된 의견에 따라 다음 회에 좋은 작품 만날 것을 기대하기로 했다. 역량 있는 신인들의 응모를 바란다.

3. 수필 심사평

수필 응모자는 홍인숙 외 8인으로 응모작품이 많지 않았다. 논의의 대상이 된 작품은 홍인숙(대전)의 「보쌈김치」 외 1편, 권덕구(광주)의

「무등산 연가」 외 1편, 임성조(경주)의 「신라의 얼굴」 외 2편 등이었다. 전반적으로 수필이 개인의 서정을 쉽게 표현하고 있으며, 예술성에까지 끌어올리지 못하고 있다는 것이 공통된 견해였다.

수필을 심심풀이나 여유 있는 생활의 액세서리 정도로 파악하고 있는 듯하여 모두 선외에 두기로 했다. 가일층 정진할 것을 기대하는 바이다.

4. 문학평론 심사평

문학평론은 이진섭 외 3인이 1편씩을 응모했다.

4편 모두 논의의 대상으로 하여 심사한 결과 4편이 모두 학부의 졸업논문이거나 석사과정의 학위논문에 지나지 않는다는 판단 아래 본심에서 선외에 두었다.

한국 문학의 발전에 기초를 이룰 탁월한 문학평론을 기대하기로 했다.

『오늘의문학』 1991년 통권 22호 1991. 5. 31.

문학은 고독한 작업이다. 루이스의 말처럼 문학을 통해 얻을 수 있는 것은 크지 않다. 그럼에도 불구하고 자신의 경험을 통한 내면적 반향을 표현하고자 하는 것은 인간의 본능적 욕구가 아닌가 싶다. 표현의 방법에는 여러 장르가 있으며, 문학은 그 작은 부분에 불과하다. 그러나 문학이 갖는 특수성과 전통성은 여타 장르와는 비교가 안될 만큼 위대한 것이다. 다만, 현대의 영상매체에 의해 문학이 위축되고 있는 듯할 뿐이며, 이는 극복될 수 있고, 또한 극복해야 할 과제이기도 하다.

고독한 작업에 동참하기로 하고 오늘의문학 제6회 신인상에 응모한 작품들을 읽어 보았다. 개개인의 문학적 역량에 따라 창조된 예술이며, 이에 따라 문학적 특성이 다르기 때문에 이를 심사하는 데는 어려움이 컸다. 그러나 필요한 기준에 따라 숙연한 자세로 심사했다.

시·시조·수필·소설·문학평론이 접수되었는데, 심사위원들의 합의하에 몇몇의 작품들을 본심에 올리고 심사숙고하여 심사위원들은 다음과 같은 결론에 일치된 견해를 보였다. 현재의 작품 수준도 물론 평가해야 하지만, 앞으로의 발전성에 초점을 맞추었다. 모든 분들께 당부하는 바는 올바른 문학정신의 발현으로 한국 문학사에 길이 남을 문학작품 창작에 고독한 등불을 밝혀달라는 것이다.

1. 詩 심사평

시 응모자는 김갑정 외 82명이었으며, 개인별 3편에서 10여 편까지 응모작품을 보내왔다.

본심에서 논의의 대상이 된 작품은 구자빈(대전)의 「종말」 외 5편, 김갑정(경남 진양군)의 「겨울 정경」 외 4편, 김미영(당진)의 「눈을 감고 맞이한 새벽」 외 5편, 이문자(대전)의 「도심화」 외 4편, 이현주(서울)의 「강가에서」 외 6편, 류선옥(대구)의 「낙동강」 외 4편 등이 있다. 재차 검토한 후에 〈구자빈〉, 〈김갑정〉, 〈김미영〉, 〈이문자〉의 작품에 합의점을 찾았다.

이들의 작품이 기교보다는 진솔한 삶의 투영이 빛난다는 점에서 모두 당선작으로 선발했다. 네 분께 축하의 인사를 보내며, 앞으로 한국 시문학의 횃불이 될 때까지 정진하기를 기대하는 바이다. 이 작품보다 문학성이 뛰어난 작품 창작에 전념해 달라는 우정 어린 바람도 함께 전하는 바이다.

2. 시조 심사평

시조 응모자는 김재수 외 5인이었으며 개인별 4편에서 6편까지 응모작품을 보내왔다. 많지 않은 응모 수준이다.

여섯 사람의 작품을 읽으면서 느낀 것은 시조의 형식에 얽매어 시조의 시정신을 발현시키지 못한 데에 아쉬움이다. 다만, 〈김재수(대전)〉의 「동지」 외 4편이 한국인의 생활에서 우러난 서정을 시조로 표현함에 있어서 자연스러웠다는 합의에 도달했다. 평범하나 평범 속에 진리가 있다는 기대를 하면서 문학 혼이 만개하기를 기대해 본다.

3. 소설 심사평

단편소설 응모자는 콩트 포함하여 4명이었으며 1편에서 2편까지 응모해 왔다.

6편을 논의의 대상으로 하여 정독한 결과 <김여화(전북 임실)>의 「겨울 나그네」를 당선작으로 결정했다. 한 여인이 겪는 삶의 그늘을 표현하는 데, 초점이 맞추어졌고, 그 진솔함으로 작지 않은 감동을 주었기 때문이다. 부탁하는 바는 보다 바른 문장과 자잘한 표현법에도 세심한 주의를 기울여 달라는 것이며, 잘못하면 수기의 수준에 머무를 수 있음도 경계해야 할 것 중의 하나이다.

그 외 김청원(서울)의 단편소설 「나의 황제」는 기성 소설가의 작품과 너무 흡사하여 논외로 하였으며, 김정숙(대전)의 「여인의 손끝」은 한 여인네의 푸념에 불과하여 선외에 두었음도 밝히는 바이다.

자신의 목소리와 소설의 허구성을 재음미하여 삶의 축도로서의 문학 창작에 심혈을 기울여 주기를 빌며 당선자에게 축하드린다.

4. 수필 심사평

수필 응모자는 이홍원(부여) 외 17인이 응모작품을 보내왔다.

논의의 대상이 된 작품은 이홍원(부여)의 「고인과의 대화」 외 1편, 전정자(대전)의 「단상 삼제」, 박진석(대전)의 「고달퍼도 이 길만은 가리」 외 1편, 한영수(인천)의 「제물포 유감」 외 1편, 임선묵(수원)의 「독수리의 날개」 외 2편 등이었다.

전반적으로 수필이 개인의 수상과 서정을 쉽게 표현하고 있으며,

예술성에까지 끌어올리는데 좀 약하다는 평들이었다.

그럼에도 불구하고 삶의 투영이 진솔하여 순수함과 열정을 동시에 확인할 수 있어 〈이홍원〉 〈전정자〉 〈박진석〉 세 분의 수필을 당선작으로 결정했다. 앞으로 생활의 맥박이 뛰는 수필 창작을 기대하며, 끊임없는 연마를 당부하는 바이다.

5. 문학평론 심사평

문학평론은 김영석(부산)의 1편이 응모되었으나 주관에 따른 비약이 심해 다음 작품을 기다리기로 했다. 한국 문학의 초석이 될 문학평론을 기대하는 바이다.

『오늘의문학』 1992년 통권 23호 1992. 1. 15.

1. 문학은 빛인가?

과거 예술의 갈래가 단순했을 때, 문학의 위상은 절대에 가까웠다. 문학 외의 예술이 음악 · 미술 · 무용 등이거나 종합적 예술 형태인 연극에 그쳤을 때, 문학은 모든 장르와 손잡고 있었으며, 어쩌면 타 장르의 기본 골격을 이루었다는 표현이 더 잘 어울릴지도 모른다.

인지의 발달로 예술은 사진 · 영화 등으로 확충되었고, 문자 매체인 문학보다는 음성 매체인 라디오 방송과 영상매체인 텔레비전 방송의 영향이 더 큰 것 또한 오늘날의 사정이다. 이렇게 다양한 문화의 범람 시대에 문학은 과연 등대와 같은 빛일 수 있는가?

다른 예술 장르와의 비교 · 대조보다도 문학 자체 내의 역할을 저울질할 때, 우리는 문학이 정신문화의 중추적 장르이며, 문학을 통해 문화 예술의 향기를 이 사회와 더불어 향유할 수 있다고 자신할 수 있는가?

과연 오늘날의 문학 활동이 인간성을 회복하고 삶의 참다운 원리를 보여줄 수 있는가? 문학을 통해 이 세상 사람들의 어느 일부라도 빛과 생명의 신비를 맛보게 할 수 있는가?

문학에 전념코자 하는 사람들은 이런 문제들과 함께 인생의 갈피갈피를 사유하고, 거기에서 걸러진 바를 작품으로 내놓아야 할 것이다. 문학을 통해 얻을 수 있는 것이 무(無)일지도 모르며, 유(有)일지도 모른다. 그러나 사유와 감각을 통해, 문학은 삶의 질을 높일 수 있다는 자신감과 사명감으로 창작에 임해야 할 것 같다. 특히 문학에 새로이 입문하는 신인들은 더욱 치열한 작가정신을 발휘해야 할 것이다.

겉으로 드러나는 깃발과 손사래에 안주하지 말 것이며, 보이지 않고 들리지 않는 칭찬과 박수를 기다리지 말 것이며, 오로지 예술혼의 발현에 힘써야 되리라는 당부를 드려본다.

그때 문학은 빛일 수 있을 것이다.

2. 〈유병철〉 - 현실투영의 시

유병철의 詩는 현실에 단단히 뿌리를 내리고 있다. 그러나 현실 그 자체에 머물지 않고 독자에게 새로이 낯선 것을 제시한다. 사실 시인이 작품을 창작하는 것은 새로운 사실, 새로운 생각, 새로운 표현을 독자에게 제시하는 것이기 때문이다.

유병철의 「용정 가는 길」은 저녁 버스 안에서 인식한 현실이다. 이 인식은 과거의 연상 작용에 의해 형상화되고 있다.

> 날마다 속 쓰림으로
> 헛구역질을 해댈 때면,
> 갓 시집온 아내는
> 휑한 눈망울로 새벽을 거슬러
> 열릴 줄 모르는 남편의 빈터로 돌아오고자
> 늘 허둥대곤 했다.
>
> –「용정 가는 길」 일부

이러한 연상은 추억에서 비롯되는데, 유병철 시인이 밝힌 바 〈종착지도 모르는 채/ 차에 오르고/ 종착지도 알 필요 없이/ 도중하차하는 사람들의 뒤쪽으로/ 낡은 추억 하나〉는 첫눈이 내리는 차창 밖으로 사라져, 이 시대의 사람들은 빈자리 나기만을 기다리는 이방인이 된다는 인식의 저변에서 출발한 것이다.

또한 시인은 연상 작용의 매체인 '눈'에서 〈함박눈이 펑펑 쏟아지던 날/ 밤나무 새총으로 떨어뜨린/ 미류나무 꼭대기 참새가 뿌려놓은/ 새하얀 눈 위의 핏자국〉을 찾아낸다. 그 피에서 돌아가신 아버지와 그 아버지 입가의 미소를 생각해 내는 것이다.

이어 다음과 같이 삶의 현실을 완곡하게 표현하는 것이다.

삶의 변두리에서
서걱이는 아픔으로 낮게 흔들리며
배추 팔러 갔다가는 대신
한겨울 물빛 같은 설움만
광주리에 가득 담아 오시는
주름살 건강한 아주머니.
오늘은 얼마나 잘 받으셨는지,
폭락한 배춧값만큼이나
사정없이 추락했을
크지도 않은 소망들.
배추밭에도 첫눈은 내리는데.

용정 가는 길엔
눈만이 살아

들녘을 달려간다.

모두들 발 벗고 따라오란다.

　　　　　　－「용정 가는 길」 끝부분

유병철 시인은 현실의 인식에서 출발하지만, 그 현실은 자성의 목소리를 동반한다. 「새벽길을 가며」에 명징하게 드러나고 있다.

꿈을 꿈대로

눈물을 눈물대로

말할 수 있는 용기가

내게 있다면,

사월의 창가엔

욕심 없는 꽃들이 피고,

　　　　　　－「새벽길을 가며」 일부

그러면서도 유병철의 시가 독자에게 감동을 주는 것은 현실을 바탕으로 창작한 시가 인생의 단면을 절실하게 노래하고 있기 때문이다. 삶의 절절한 토로는 가슴을 울리게 하며, 그 감동이 예술성을 높인다.

농촌의 아픔을 친구의 죽음이라는 제재로 표출한 시가 「장작불을 지피며」이다. 이 작품은 가난한 농촌의 친구가 죽는 데에서 출발하며, 농촌의 슬픈 현실, 자신의 심리 등으로 구성되었다.

이 시대엔

높은 곳에만 올라가면

무엇이든 할 수 있다던
친구 녀석이 떠났다.
독해서 좋다고
소주만 먹더니, 끝내는
내가 던져 준 들국화 한 송이
북어 가슴에 보듬고는
꽃 같은 나이로 들판에 누워
어둑살이 짙게 내린
고샅길을 따라 그 먼 길로
아주 떠났다.
친구 녀석 일구던
천수답 자갈논에
아직은 쓰러지지 못한 벼포기들이
알몸으로 웅성거리고,
산마을에 流刑처럼
또 어둠이 내리고 있었다.
불을 지피시는 큰할아버지는
귀신같은 동네 뒷산에
헛기침만 해대시고
이 땅의 가을은 또 하나
새로운 아픔이 되고 있었다.
타작마당엔 굴참나무 장작불이
밤하늘로 타오르고
참으로 높은 곳에 올라간

농사꾼 친구 녀석은

또 내게 무어라고 말하지

오늘밤은 내내

내 의식의 좁은 방을 털어

장작불이나 지펴야겠다.

-「장작불을 지피며」 전문

이 작품의 구성이나 제재적 특성, 혹은 표현상의 특징 등은 사실 군더더기에 지나지 않는다. 가장 중요한 문제는 감동이 있는 시, 감동을 주는 시인데, 이 작품은 절절한 감동을 주기에 부족함이 없다.

유병철의 시가 현실에 바탕을 둔 채 삶의 깊이를 천착하는 좋은 작품임을 믿으며, 또한 앞으로 더욱 좋은 작품, 감동을 주는 작품을 창작하리라는 기대를 해본다.

3. <정원일> - 雨期 속 예감의 詩

정원일의 詩는 현대 문명사회를 하나의 雨期로 인식하며 미래에 대한 어떤 예감을 다루면서, 잃어버린 현대인의 정서를 회복코자 하는 의지가 짙다. 일종의 죽음을 예감하면서도 그것은 문득문득 살아나는 사랑의 한 변형으로 자각하는 양면성을 지닌다.

소품이지만 비교적 절제된 詩「雨上戀歌」에서 죽음 위에 사랑은 오히려 차분한 희망인 것이다.

비 오는 날은 그리운 사람들이 더 가찹다

〉

떠나간 사람들과 언제나
죽어간 사람들이 다 돌아오는 이 시간

나는 나가 젖은 옷깃도 잊고 꿈을 꾸고
다시 떠나가야 할 그 사람들과 사랑하다
지친다.
언제나 하는 말이지만
비 오는 날은 아픈 제 가슴들이
왠지 더 가찹다.

-「雨上戀歌」 전문

시인에게서 비 오는 날은 일반적인 인간의 정서와 같이 떠남으로 인해 비어지는 공간 속에 혼자이어야 한다는 외로움의 정황으로 그려진다. 떠난 사람은 물론 죽어간 사람들조차 다시 돌아오는 것처럼 느껴지기도 하지만, 그것은 다시 떠나갈 것이라는 절망에 앞선, 그저 일상 속에서 되풀이되는 평면적인 감정에 불과하다. 그들이 언젠가 다시 떠나야 할 것으로 이미 알고 있으면서도 사랑해야 하는 시인은 차라리 비극적이다. 그래서 시인은 지친다. 그러나 여기서 중요한 것은 그 아픈 자신의 가슴을 더욱 가깝게 느끼는 새로운 인식에 있다. 현실적으로 견디기 어려운 고독을 스스로 붙안는 의지가 결코 격상되어 있지 않아, 시인은 우리에게 더욱 미덥다.

너무 바빠

철철 피가 나도록 모르고 살다
납골당은 市內에 세워져
유령도 살지 않는
차가운 아파트 숲에
숨 막혀 누워서
지친 시체들은
그제서야
意識이 들고
짬을 내 다시 꿈을 꾼다.

-「現代」 일부

시인은 이제 본격적으로 문명 속의 비인간화를 꼬집는다. 아파트라는 거대한 群集에서 인간성을 상실한 현대인은 시체로 인식된다. 더구나 혼조차 떠돌지 않는 극한 이미지로 도시를 폐허화시킨다.

〈가슴 아파 할 새도 없이〉 지나가는 지하철, 인간의 꿈을 찔러 움츠리게 하는 〈자본의 날카로운 크레디트카드〉가 곧 인간성을 빼앗는 문명의 전형으로 표현되면서 그것들은 결국 〈스스로 죽이〉는 〈자책감〉으로 환치된다.

일견 희망이라곤 보이지 않는 텍스트들이 神이 가버린 시대의 부산물로 떠오르며 시는 절망적이다. 그러나 그의 가슴은 역시 〈온기가 돈다〉 아픔은 돌연 버리지 못할 추억으로 살아나고 결국 〈한 줌〉이나마 〈작은 명상〉을 하게 하여 시인의 가슴에 온기를 돋우는 것이다.

그가 상당히 절망적인 시어로 91년의 걸프만 전쟁을 이야기한 詩「戰場」에서조차 그의 희망 의지는 극적으로 살아난다.

찢긴 주머니엔
돈전 몇 푼과 어지럽게
연인의 사진이 웃는데,
쥐들이 눈알을 도굴해도
흙먼지만 외치고
마른 땅은 이제 말이 없다.

〈중략〉

그 뜨거운 모래 위에
太初의 神이 누워 있다.

-「戰場」 일부

즉 더 이상 말 없는 〈마른 땅〉이지만 〈뜨거운 모래〉, 그 격전의 사막에 〈신이 누워 있〉는 것이다. 이 땅에 악이 있기 전, 문명으로 더럽혀지기 이전, 그 「太初」의 神이….

그가 문명사회에 대한 날카로운 비판의 시선을 가지고 현대 사회의 모순 속에 갈등하는 한 젊은이면서도 결코, 내면의 따뜻함은 잃지 않는 시인임을 짐작케 하는, 다음 작품은 특히 감동적이다.

혹여, 찬바람에 꺼질까 봐
쓰린 아픔들을 더 감싸
한 봉지 愛情만 식지 않게
온 세상이 따습도록

타는 장작에다 더욱더
날 선 긴 부지깽이로 찔러
마구 다그쳐서
식구들 웃을 모습에
남은 재만 날려도
아버진 익어가는 제 살 속
뜸져 더 구수해지는
한 봉지 삶이 기뻐
웃으셔야 했다.

- 「퇴근길」 끝 연

정원일은, 짐작컨대, 이 땅의 많은 젊은이들이 그렇듯이, 현대 사회 모순에 대한 고뇌를 가지고 있다. 그러나 그 고뇌는 함부로 밖으로 드러나 폭력화되지 않으며, 내적으로 곪아 절망만을 키우지 않는다. 〈제 살 속, 뜸져 더 구수해지는 한 봉지 삶〉을 기뻐해 마지않는 아버지를 이해하며, 앞으로 웃어야만 하기보다 저절로 웃게 되리라는 희망에의 의지를 보여준다.

이제 더욱 정진하여, 보다 절제된 언어로 감정을 다스리고, 보다 매력적인 시어로 새로운 이미지를 창출, 우리 시단을 빛내주기 바란다.

4. 〈류웅렬〉 - 달관적 자세의 수필

수필은 진실성에 바탕을 두기 때문에 글쓴이의 인격이 그대로 투영된다. 다만, 일부러 과대 · 과소 표현하는 경우나 허구성을 가미하는 경우도 있을 수 있는데, 이는 진정한 의미에서의 수필이라고 보기는 어렵다.

류응렬의 수필을 읽으면서 류응렬의 인격을 대할 수 있었는데, 바로 달관적 자세였다. 살다가 보면, 역경이나 시련도 만나며, 때로는 우발적 상황에 봉착하기도 하는데, 그때 그 사람의 인격이 여실하게 드러나는 것이다.

「가을비와 겨울 준비」는 현직 교사로서 출장을 가던 도중에 열차에서 느낀 여러 단상들을 무리 없이 잘 엮어나갔다. 특히 '가을비'에서 성경의 구절인 〈주께서 어찌하여 날리는 낙엽을 놀래게 하시나이까?〉를 찾아낸 것도 좋으며, 그것과 인생의 모습을 연관 지은 착상도 좋았다.

또한 중간에 열차의 사고에 대한 글쓴이의 태도 역시 달관적이며, 그것을 바로 〈우리 인생〉과 연관 지은 것도 좋았다. 가을비를 맞아 겨울 준비를 해야 함은 인간뿐만 아니라 나무와 꽃, 곤충과 모든 동물도 마찬가지라는 전제 아래 〈인생의 겨울도 좌절과 절망이 아니요, 겨울, 그 너머에 따뜻한 희망의 새봄이 있기에 겨울 준비는 더더욱 착실하게 해야 될 줄〉 믿는다는 심리적 반향은, 류응렬이 견지한 달관적 자세에서 기인한 것이다.

열차와 인생을 결부시킨 것이 놀랄 만큼 새로운 것은 아니다. 다만, 그 글 속에서 따뜻한 인격과 달관적인 자세를 만날 수 있기에 좋은 것이다.

「분재를 보며」 역시 따뜻한 심성을 보여주고 있다. 이 수필에서 작자는 분재의 가치를 현금에 비기지 않고 〈그 나무의 수십 년간 이리 시달리고 저리 비틀리면서도 끝끝내 참고 살아온 인내〉에서 찾고 있음을 본다. 그러면서 청소년의 가출·자살 등의 나약성과 견주는 태도는 착상도 좋지만 그 전개방법도 뛰어나다는 판단이다. 그러면서 고난과 역경이 꼭 불행만은 아니며, 그것을 딛고 잘 넘어간다면 그 뒤에 더 위대한 인물이 될 수 있다는 주장을 하고 있다. 괴목이 된 분재에서 그는 인생을 조감하는 능력을 보여주고 있다.

「무더운 여름밤」에서도 무더운 여름밤을 이기는 지혜와 삶의 자세를, 경험을 통해 제시하고 있다. 특히 이 작품에서는 길가 텃밭의 들깨를 도입하여 삶의 모습을 보여준 것이 새로웠다.

예리한 관찰, 세심한 주의력, 그리고 따뜻한 마음씨를 류웅렬은 그의 수필에서 표출하고 있다. 그의 인격에서 우러나온 이 작품들처럼 그의 수필이 앞으로도 삶을 윤택하게 하는, 빛나는 작업이 될 것을 믿는다.

5. 〈손재중〉 갈등구조로서의 소설

소설의 여러 특성 중 갈등은 소설에 긴장감과 호기심을 불러일으킨다. 따라서 소설의 갈등이 예술성 내지는 독자의 감동과도 직결되는 것이다.

손재중의 「밤길」의 스토리는 단순하다. 성불구의 아버지 때문에 글 속의 '나'의 어머니는 다른 남자를 보아 쌍둥이(?)를 낳아 기른다. 남자와 여자 쌍둥이 중 여자가 '나'이다. 이 소설은 '나'의 심리적 갈등을 중심으로 전개되며, 부분적으로 어머니 · 아버지 · 대상인 쌍둥이 남자 · 이웃집 남자 등이 에피소드로 등장한다.

즉 하룻저녁의 밤에 일어난 일을 연상 작용에 의해 형상화하고 있는데, 솔제니친이 노벨문학상을 받은 「이반 데니소비치의 하루」와도 기법상 서로 통하고 있다 하겠다. 다만, 솔제니친의 소설은 에피소드에 의한 구조화가 단단하고 내용이 뚜렷한데 비해 손재중의 소설은 심리 중심이기 때문에 특별하게 어필되는 제재나 내용이 없어 약간 빈약하게 느껴지기도 한다.

이 작품의 특성은 스토리의 특이성이나 내용의 웅대함 등에서 찾지 말아야 할 것 같다. 심리의 특성을 어떻게 표현했는가라는 표현을 중시해야 할 것 같다. 무엇을 말하는가도 중요하지만 어떻게 말하는가도 중요한 문학 요소이기 때문이다. 손재중은 직접 말하지 않고 간접적으로 인물을 보여주는 태도를 견지하고 있다.

어머니에 대한 표현을 보자.

① 젖어있는 음성이다. 그러나 어둠은 감지할 만한 아무것도 보여주지 않는다. 가물가물 꺼져가던 불씨들이 다른 종이에 붙는 순간 주위가 환히 드러났다. 그 바람에 어머니의 얼굴이 역시 깊고 견고한 음울에 젖어 얼룩져있는 것을 놓치지 않고 볼 수 있었다.

② 어머니는 등걸이 의자에 기대어 앉아 깊이 잠이 들어 있다. 찬 기운이 살갗에 와 닿는다. 형체를 알 수 없는 잿더미 속에 떨어진 희미하게 꺼져가는 불씨들이 가닥가닥 연기를 게우며 어느 결에 슬금 흩어져 간다.

①과 ②는 어머니와 관련된 묘사이다. 자신의 죄(?) 때문에 아들(경수)을 기다리는 고뇌 어린 인간상을 적나라하게 표현하고 있다고 할 수 있다. 이 소설은 또한 과거의 연상이 중첩되는데, 특히 외할머니의 연상은 전율할 정도이다.

'나'에 대한 갈등의 대상은 이 소설에 나오는 모두이다. 어머니는 어머니대로, 아버지는 아버지대로 나에게는 거북한 존재이며, 짐스러운 존재이며, 동시에 연민의 대상이다. 또한 직접 나오지는 않지만, 이 소설의 중심을 이루는 경수도 동일 대상이다. 소아마비로 비뚤어진 성격과 그 성격에 따른 타락상까지도 연민의 시각으로 짜여있다.

다만 끝에서 이웃집 남자와의 정사 장면은 전체와의 긴밀성이 상실되어 있다. 어머니의 전철을 딸도 밟는다는 것인지, 아니면, 성의 무가치성을 주장하자는 것인지, 아니면 정신적 피탈을 그런 식으로 표현했는지 분명하지 않다. 그러한 내용이 필요하다고 하더라도 그 표현 및 문장에 약점이 노출되어 있다.

소설가 손재중이 뛰어넘어야 할 과제로 제시하며 한국 문학사에 빛날 소설, 인생의 깊이를 천착한 소설, 많은 독자에게 감동을 줄 소설 창작에 힘써 달라는 부탁과 함께, 꼭 이루리라는 믿음을 보낸다.

6. 빛을 찾아서

문학이 빛일는지 아닐는지, 구원의 메시지일는지 아닐는지, 삶의 결정체일는지 아닐는지 아무도 모른다. 다만 스스로의 판단에 따라, 스스로의 노력에 따라, 스스로의 경지에 따라, 찾을 수도 있고 찾지 못할 수도 있다.

소경도 어느 날 '아 빛이 있다'고 말할 수 있으며, 죽어가는 순간까지도 빛을 찾기만 하는 인생도 있다. 문학의 길에 나선 신인 유병철, 정원일 시인, 수필가 류웅렬, 소설가 손재중, 네 분 모두 문학의 심연에서 빛을 찾기를 기대한다.

찾은 그 빛을 많은 독자들에게 보여 주는 훌륭한 문인으로 대성하길 빈다.

이영옥의「사물놀이」외 7편

이영옥의 詩는 보기 드물게 간결한 문체로 내면의 울림을 토로하고 있다. 어찌 보면, 가능한 한 감정을 억제하고 객관적 서술을 통하여 타인의 이야기를 하듯 詩를 전개하고 있다. 그러나 읽으면서 감동이 일어나고, 그 감동이 강한 울림으로 메아리치는데 그것은 시인이 갖고 있는 진실의 반영이기 때문이다.

한편의 詩가 이루어질 때, 시인은 그 詩 속에 자신의 사상 감정을 용해하고자 한다. 이영옥의 詩는 한 편 한 편이 아픔을 동반한 진실의 표출이다. 한 편의 글, 절제된 언어를 통해 진실의 촛불을 밝히는 詩를 빚어낼 수 있겠다는 판단 아래 신인으로 선보인다.

한국 문학사에 빛과 소금의 역할을 담당할 수 있는 훌륭한 시인으로 대성하길 바란다.

『해동문학』 - 1993년 봄호(창간호) 1993. 02. 01.

예리한 시각과 따뜻한 감성

김다호의 시들은 도시 소시민의 애환을 서정적으로 노래하고 있다. 특히 「서울 지하도」에서 보여 주는 퇴근길의 서정과 시인의 심리묘사는 신선한 힘을 지니고 있다. 또한 「미사리 풀꽃과」와 「궁내동 사람들」에 나타난바, 버려진 삶에 대한 시인의 예리한 시각과 따뜻한 감성을 볼 때, 김다호 시인이 한국 시문학계의 새로운 별로 떠오르는 믿음이 간다.

다만 시인의 사상과 감정이 시 속에서 자연스럽게 드러날 때, 더 큰 공감대를 형성할 수 있으며, 독자들의 지속적인 사랑을 받을 수 있다는 것을 시인에게 환기시켜 둔다.

《오늘의문학》 - 1993년 겨울호 통권 26호 1993. 11. 15.

■ 본심 위원의 요청에 의한 주간(예심)의 심사평

이선비 수필 심사평

소담하고 담백한 수필

이선비의 약력을 보니, 일찍 군산문협에서 주최하는 주부 백일장 대회에서 입상하여 주부들만 모여 창립한 「청사초롱」 문학 동인 활동을 꾸준히 해온 기성에 가까운 문학도로 되어 있다.

작품을 보면, 문장의 기교에 치중하지 않고 삶의 모습을 표현하여 작품의 구성이 자연스럽다. 가정주부로서 일상생활에서 얻어지는 소담하고 담백한 내용을 꾸밈없이 표현한 것이 신선감을 들게 한다. 이러한 측면에서 「차 한 잔의 산책」을 문단으로 내보내고자 한다. 좋은 작품, 삶의 철학이 담긴 작품을 기대해 본다.

『오늘의문학』 - 1993년 겨울호 통권 26호 1993. 11. 15.

■ 본심 위원의 요청에 의한 주간(예심)의 심사평

냉소적으로 다룬 불임 부부상

이재숙의 「새벽안개」는 불임부부의 고뇌를 소재로 한 것인데 불임 클리닉이 소도구로 등장하고 있다.

남성 위주의 종족 번식 사상이 시대착오적 물의를 빚어내는 데서 오는 파문을 냉소적으로 묘파하고 있다.

대리모를 이용한 영아 인공수정의 부자연한 과학기술 응용이 결국 부부간의 심리적 파탄을 조성하는 동기가 된다는 것을 형상화하면서 현대 부부상의 삭막한 풍경을 차분한 호흡의 밀도 있는 문장으로 다루어 놓았다.

앞으로 더욱 무게와 깊이를 더해가며 정진하기를 당부한다.

『오늘의문학』 - 1993년 겨울호 통권 26호 1993. 11. 15.

■ 본심 위원의 요청에 의한 주간(예심)의 심사평

뛰어난 서정과 압축미

황희순은 서정이 뛰어난 시를 창작하고 있다. 잔잔한 서정을 노래하다가, 때로는 폭발적인 언어를 구사해 감동을 잉태시킨다.

「강가에 서고픈 날」의 서정과 압축미는 고전적이라 할 만큼 뛰어나 애잔한 향수를 느끼게 한다.

그러나 「실향 일기」에서 보여주는 일련의 작품은 가공할 만한 힘이 있다. 그 힘은 고향 상실을 통해 인간이 갖고 있는 '상실 의식'과 '회귀 본능'에 접근했기 때문으로 보인다.

황희순 시인에게 당부하는 바, 자신이 추구하고 있는 시 세계의 확고한 구축에 남다른 노력을 해달라는 것이다.

『오늘의문학』 - 1993년 겨울호 통권 26호 1993. 11. 15.

■ 본심 위원의 요청에 의한 주간(예심)의 심사평

언어의 실험성을 높이 평가

김경희는 관습적인 시어의 틀을 과감히 깨뜨리면서도 시적 긴장과 운율을 갖고 있어 훌륭한 시인이 될 것 같다.

「분재」의 '어느새/ 숨어버린 이/ 극한값'이라든가. 「감동」의 '율스럽게도/ 정신이 부리는/ 묘한 세포분열이다.' 등은 시어가 아닌 학문적 전문어를 동원한 시적 형상화이다. 또한 「예술은, 인간의 몇 배쯤 될까?」에서 보여주는 철학과 현실의 이미지 연결은 장황함에도 불구하고 신선한 충격과 언어의 다양성을 획득하고 있다.

특히 마지막 부분의 '플라톤, 그마저 안 되면/ 창녀 5명만 보내 줘./ 그러면 난/ 또다시/ 詩人이 될 수 있을 거야.'는 실험정신의 정수라고 믿어 당선으로 미는 데 주저하지 않았다. 건필을 빈다.

『오늘의문학』 - 1994년 봄호 통권 27호 1994. 3. 1.

■ 본심 위원의 요청에 의한 주간(예심)의 심사평

심리묘사와 구성력의 합일점

박권하는 수필집을 여러 권 발간했고, 장편소설을 이미 발간한 바 있는 기성작가에 속하는 신인상 응모자로 들었다.

선입견을 배제하고 작품을 통독하고 정독하였지만, 이미 일가를 이룬 표현력이어서 선입견과 결부되었다. 이야기의 전개에 있어서의 변화와 결말 부분의 반전은 독자의 일차원적 기대를 철저히 부수는 마력을 갖고 있다. '오해'에 의해 빚어진 가정의 파탄을 모델로 하여, 심리묘사의 자연스러움과 구성의 치밀성에 의해 합일점을 찾고 있다.

그러면서도 선자의 또 다른 평가는 소재의 적절성에 대한 의문이었다. 이 소설의 소재는 단편보다 콩트에 가깝지 않을까 하는 점을 상기시키면서 '삶의 축도'라는 소설의 본질에 접근하는 창작을 기대한다.

『오늘의문학』- 1994년 봄호 통권 27호 1994. 3. 1.

■ 본심 위원의 요청에 의한 주간(예심)의 심사평

현대적 감수성과 놀라운 표현력

윤순찬은 30여 편의 작품을 응모해 왔다. 대체로 긴 시들이어서 거의 책 한 권 분량 정도였다.

그중「해변 단상」은 과학 용어와 서정성의 융합이 좋았으며,「숨통」은 내면 심리의 객관적 표현이 좋았다. 또한「제네바 • 1」,「제네바 • 2」는 현실의 어둠을 묘사적 • 심리적으로 표현하여 노래하는 시로부터 이미지로 탈바꿈하는 시로의 실험정신이 새로웠다.「어느 두 평짜리 사무실」 역시 현대인의 심리를 관통하고 있는 현상을 묘사화하고 있다.

대체로 윤순찬의 작품은 현대인이 갖고 있는 심리적 분열상을 새로운 모습으로 구성하여 보여주었다. 이로 인해, 균제미는 약하지만, 새로운 시 영역의 확충을 기대하면서 선택하였다. 끝없는 실험정신에 정진하길 바란다.

『오늘의문학』 - 1994년 봄호 통권 27호 1994. 3. 1.

■ 본심 위원의 요청에 의한 주간(예심)의 심사평

서정성과 표현력 돋보여

이세훈의 작품은 서정적이면서 감각적이다.

「세월」과 「山寺에서」가 그러하다. '오솔길엔/ 풀내음만 홀로 옷을 벗고'라든가, '잠투정하는 꽃향기 깨울까/ 촛불 높이 들고 마루 쪽 木魚 달래는 달빛' 등은 뛰어난 표현이다. 「카사블랑카 · 1」과 「카사블랑카 · 2」 역시 같은 맥락으로 볼 수 있다.

그러나 「로트레아몽 城으로 가는 夜行記」에서는 또 다른 서정을 보여주고 있다. 표현의 뛰어남은 앞의 작품과 동일 궤적의 형상화이지만, 내적 실체는 새로움을 동반하고 있다. 정신적 방황과 혼란을 시화한 작품을 감각적으로 표현한 것은, 훌륭한 시인이 되리라는 확신을 주어 당선으로 확정했다.

시인이 가지고 있는 기질적 자산을 갈고닦아 뛰어난 시인으로 대성하길 빈다.

『오늘의문학』 - 1994년 봄호 통권 27호 1994. 3. 1.

■ 본심 위원의 요청에 의한 주간(예심)의 심사평

긍정적 삶의 자세 우러나와

조연희의 수필은 생활 속에서 체험하는 작은 일들을 통해, 긍정적인 삶의 자세를 보여주고 있다.

인간의 행복이 멀지 않은 곳에 있다는 것은 누구나 말할 수 있다. 그러나 그러한 견해를 구체적인 체험을 통해 수필로 형상화하는 것은 그리 쉽지 않다. 자신이 보고 듣고 느낀 것을 통해 그와 같은 감정을 독자들에게 제시하여 공감대 형성에 이바지하는 장르가 수필이라 할 때, 조연희의 작품은 그에 값하는 것이다.

엑스포 관람에서 우연히 마주친 효자 이야기, 생일을 통한 스승의 은혜를 기술한 글들 모두 성실한 삶을 살고 있는 독자들의 공감을 얻을 것이다.

앞으로도 삶의 향기가 넘치는 글을 지속적으로 창작하여 훌륭한 수필가가 되길 바란다.

『오늘의문학』 - 1994년 봄호 통권 27호 1994. 3. 1.

■ 본심 위원의 요청에 의한 주간(예심)의 심사평

김희천 시 심사평

표현력에 기대를 건다

김희천의 「밤낚시」 등 일련의 작품을 읽으면서 서정에 어우러진 감각적 표현에 박수를 보낸다. 시에 있어서 형상화를 잘한다는 것, 그것이 첫째 문제인데, 김희천은 이를 잘 알고 쓰는 것 같다.

'새벽'은 얇아져 가고 • 바다 물결은 갯지렁이로 꿈틀대는데 • 홍시처럼 익어가는 일출 • 말라서 바닥 갈라진 내 삶 • 취한 고향이 비틀대며 • 잔잔한 바다로 저녁이 내려앉으면 • 나도 피 흐르는 억새가 되어 울부짖는 바람을 맞고 있다' 등은 서정과 함께 뛰어난 감각성을 보여준다.

자만하지 말고 끝없는 절차탁마로 한국 문단의 샛별이 되길 바란다.

『오늘의문학』 - 1994년 여름호 통권 28호 1994. 6. 1.

청완미 뛰어나

시조는 행간의 거리가 멀면 멀수록 그 응축의 뛰어남을 맛보게 된다. 이 점 또한 시조만이 갖는 독특한 보법이다.

남향자의 「오월」은 독재에 항거한 광주시민의 진실과 자존을 '난간'과 '콧날'을 통하여 형상화하였으며, 이러한 역사의식이 시 정신으로 분출되어 '상처를 조율하는' 청산 이미지가 '녹음을 더해가는' 오월의 염원과 결합하여 화합과 공존의 세계를 구축하고자 하였다. 신인다운 패기와 그 관조성(역사=몸살), 비분과 강개를 안으로 조용히 다스릴 줄 아는 점을 높이 산다. 「다시 연포에서」는 이미지의 전개가 매우 독특하다. 첫째 수는 수평 → 하강 → 상승, 둘째 수는 지상계 → 지하계 → 천상계, 셋째 수는 서 있음 → 앉음, 주검 → 잉태 이미지로 결합하여 결국 그녀의 축축한 주검이 바닷새로 화하여 해마다 새로운 인연의 고리를 형성한다는 점에 뿌리를 두고 있다. 「1993년, 그해 가을」은 청완미(淸婉味)에 현실감을 물 흐르듯 하게 한다. '때 시(時)'자를 쓰는 이유를 간파하고 있다. UR 협상 타결과 관련, 시대를 꿰뚫어 보는 눈빛은 '흉터만을 남기고 간 타작마당'에서 절조를 이룬다.

부디 대성하길 빈다.

『오늘의문학』 - 1994년 여름호 통권 28호 1994. 6. 1.

송광수 시 심사평

연상력의 승화

송광수의 「백련사 가는 길」을 포함하여 「세월 찢기」 「얼음벽」 「겨울 바다」 등은 뛰어난 연상력의 소산이다. 특히 「백련사 가는 길」은 뛰어난 서정시로 앞날이 촉망되는 시업임을 확인할 수 있다. 서정의 무리 없는 전개와 한 행 한 획도 거리낌이 없는 우수작이다. 초두의 멋스러움이 끝까지 유지되어 있다. 〈흰 별들의 목숨/ 옷고름 풀어 헤친 겨울 산에 내릴 때/ 나는 겨울을 넘어/ 백련사에 오르고 있다〉 등은 감탄할 만하다.

「세월 찢기」는 시인의 내면을 감각적으로 승화시켰고, 「얼음벽」 역시 유사한 형상화를 보여준다. 「겨울 바다」는 '바다'에서 '죽은 누님'을 연상하여 승화시켰는데, 감정의 곡예가 신비롭기까지 하다.

훌륭한 서정 시인으로 자리매김할 것을 믿으며 당선으로 뽑는다.

『오늘의 문학』 - 1994년 여름호 통권 28호 1994. 6. 1.

온고이지신의 정신 높이 사

신진탁의 수필 「낙상매」는 교육 수필이다. 교육자로서의 정신과 자세가 육화(肉化)된 가편(佳篇)인데, 현대인들에게 온고이지신의 경지를 보여주고 있다.

자녀에 대한 현대인들의 무조건적 과보호를 간접적으로 비판하며, '자식 교육은 강하게' 해야 한다는 주장을 무리 없이 전개하고 있다. 항용 수필을 신변잡기에 머문다고 생각하는 오류를 접하게 되는데, 신진탁의 작품은 이를 극복하고 있어 든든하다.

교육자로서, 수필가로서 우뚝 서길 빈다.

『오늘의문학』 - 1994년 여름호 통권 28호 1994. 6. 1.

사실주의의 대미(大尾)

임영보의 단편소설 「앉은뱅이 풀들의 고향」은 쇠락해 가는 사실주의의 대미를 이룰 작품이다. 민족사의 질곡에 의해 피해 입은 한 개인을 사실적으로 조명하여 새로이 자리매김하고 있다. 이러한 시도가 처음은 아니지만, 주제를 표출하기 위한 인물, 사건, 배경이 통일성을 기하고 있다.

대체적으로 이런 류의 소설이 범하기 쉬운 이념성의 직접 표출 • 추상적 진술을 이 작품은 극복하고 있다. 또한 사실적 표현을 위해 동원된 사투리는 없어져 가는 민족적 자산을 복원하는 또 하나의 작업임에 틀림없다. 언어에 의한 개성적 표현 역시 뛰어나다.

단언컨대, 임영보는 한국소설의 사실주의에 커다란 획을 그을 수 있으리라는 것이다. 보다 삶의 깊이가 있는 소설 창작에 힘써 주길 바란다.

『오늘의문학』 - 1994년 여름호 통권 28호 1994. 6. 1.

공감의 세계로 끌고 가

최기훈의 「回復」「가을 산」「겨울 꽃」을 뽑았다. 요즘의 경향은 시에서 새로움을 찾는다는 나머지, 결국은 난해한 구석으로 몰고 가는 경우가 허다한데, 비교적 그런 데서는 탈피하고, 자기의 개성이 느낀 것을 솔직히 앉혀서 엮고 있는 품이 우선 안심이 된다.

요는 남들이 알도록 쓰되, 그것은 자기의 눈이 파악한 것에 읽는 사람들을 은연중 공감의 세계로 끌고 가야 한다는 데서 기본적으로 합격점을 딴 셈이다. 그만큼 기초적인 훈련을 쌓았다고 하겠다.

그러나 이 길에는 해도 해도 완성이란 아예 없는 것이니, 오늘을 계기로 보다 거기에 정진하기를 바랄 뿐이다.

『오늘의문학』 - 1994년 여름호 통권 28호 1994. 6. 1.

허　정 시 심사평

의식의 감각적 변주

허정의 「살아있는 것에 칼집을 낸다는 것」 「볼펜 침묵」 「물방울」 「지하철 공사」 「광주 가는 길」은 상식선을 뛰어넘고 있다. 시상의 전개와 시어의 선택에서 남다른 면모를 보여주고 있다. 이 말은 모두가 선택하는 도식성의 극복으로 평가할 수 있으며, 이는 의식의 감각적 변주로 파악된다.

「살아있는 것에 칼집을 낸다는 것」에서는 횟집에서 회 떠지는 물고기로 자신의 의식을 환치시키고 있다. 즉 피해자인 물고기와의 동류의식을 시로 형상화함으로써 사고의 역반응을 유도하고 있다. 「볼펜 침묵」 역시 의식의 편린이다. 「물방울」과 「지하철 공사」도 같은 궤적의 작품이지만 의식의 단절을 극복하고 있다.

시단은 시인들의 부단한 실험정신을 필요로 하고 있다. 신선한 실험정신이 고여 있는 문단에 새바람을 일으킬 것이 자명하기 때문이다. 정진을 빈다.

『오늘의문학』 - 1994년 여름호 통권 28호 1994. 6. 1.

콩트의 묘미 살려냈다

홍종의(洪鐘義)의 「도심의 무지개」는 생활 속의 소사(小事)를 독립된 세 편의 삽화로 구성하고 있다. 낱낱의 삽화는 한편씩의 콩트로 보아 무리가 없는데, 구성에도 무리가 없다. 또한 마무리의 반전으로 콩트의 묘미를 살려내고 있다.

첫째 삽화는 과거의 추억과 연결하여 변해버린 세태를 보여주고 있으며, 둘째 삽화는 '고사'를 통해 금전만능주의를 비판하고 있으며, 셋째 삽화는 아내의 자유 일에 있을법한 이야기를 보여주고 있다. 모두 생활의 소상이지만 읽는 사람에게 재미와 반전의 희열을 느끼게 한다.

현대는 장편소설의 홍수 시대라 한다. 그러나 콩트의 특성을 살린 이야기도 현대인에게 옹달샘의 역할을 한다. 부디 정진하여 O. 헨리를 능가하는 콩트 작가로 대성하길 빈다.

『오늘의문학』 - 1994년 여름호 통권 28호 1994. 6. 1.

그리움과 아픔의 변주

박경태의 단편소설「그리움에 관하여」를 읽고, 이 작가는 소설을 많이 써보았구나! 하는 생각이 들었다.

과거와 현재의 연상적 기법도 뛰어나고, 그리움을 실체로 보여주는 형상화도 뛰어나다. 형진이라는 주인공을 통해 '그리움'을 보여주기 위해서 작가는 '아픔'이라는 상관물을 대응시키고 있다. 사람들은 남의 '아픔 · 죽음 · 갈등 · 고난 · 상실' 등을 통해 대리 경험의 미감을 찾게 된다.

이 글의 작가 역시 인간의 이러한 속성을 작품으로 보여주고 있다. 소설 창작 초기에 범할 수 있는 필연성의 미비를 이 작가는 잘 극복하고 있다. 문장 표현 역시 많은 창작의 결과인 듯 무리가 없다.

신인 작가로 거듭나는 이 작가에게 이 소설의 주인공처럼, 훌륭한 소설을 그리워하는 마음 · 기다리는 자세로, 변함없이 창작의 길을 가달라는 주문으로 심사평을 맺는다.

『오늘의문학』 - 1994년 가을호 통권 29호 1994. 9. 1.

문학 평론, 그 허실(虛實)

문학 평론은 일차 창작된 문학 작품의 자리매김을 하거나, 문학의 본질 · 감상 · 이해에 관해 이론적으로 정리하는 작업이다.

이러한 작업은 독자들에게 문학을 알려주는 긍정적인 면과 주관적 판단에 의한 오도(誤導)라는 부정적인 면을 함께 갖고 있다. 또한 예술가들의 예술성을 명확하게 자리매김하려고 하다 보니, 예술가들은 평론가들을 경이원지(敬而遠之)해 왔던 것도 사실이다.

박순길의 「李箱 詩의 意味構造)」는 널리 알려지고 연구됐으나, 난해성으로 논란이 지속되고 있는 李箱의 시에, 나름대로의 의미 해석을 가하고 있다. 구조적 해석이 뛰어나다.

가는 길이 이미 험로(險路)에 들어섰으니, 붓으로 길을 열어, 스스로 나갈 문을 찾기 바란다.

『오늘의문학』 - 1994년 가을호 통권 29호 1994. 9. 1.

윤재열 수필 심사평

물아일체의 경지 보여줘

윤재열의 수필「잃어버린 길」과「혼자 있던 날의 단상」을 뽑았다. 아무렇게나 쓰면 수필인 줄 아는 요즘 세태에 비추어 정말 수필다운 수필이었다. 생활 속의 작은 일들이지만, 그 이야기 속에 작가의 마음이 아로새겨져 있다.

「잃어버린 길」에서는 편리함과 반비례하는 심정, 즉 자연을 그리워하는 마음을 잔잔하게 그려내고 있다.「혼자 있던 날의 단상」에서는 노자의 경지를 스스로 터득하고 있다. 이 모두가 물아일체의 경지에 다름 아니다.

수필은 내용뿐만 아니라 표현이 뛰어나야 한다. 윤재열은 이에도 발군의 역량을 보여주고 있다. '쌉쏘롬한 아카시아 향기가 덜미 채 들어온다' 열어 놓은 창으로 언제 들어왔는지 달빛이 방 구석구석마다 타래 채 쏟아져 있다. 방 안에서 이리저리 까치걸음으로 옮겨 다니는 달빛이 새살거리며 다가온다.' 등은 뛰어난 감각성을 보여준다.

쉼 없이 자연스럽게 수필의 경지를 한 차원 높이는 데 노력하기를 바란다.

『오늘의문학』 - 1994년 가을호 통권 29호 1994. 9. 1.

운명의 질곡 다룬 중편소설

이길환의 「타인의 침상」은 원고지 350매 분량의 중편소설이다.

이 소설은 처음부터 끝까지 독자를 사로잡는 마력이 있다. 긴 소설뿐만 아니라 짧은 소설에서도 읽다가 좀 쉬어 읽어야 할 때가 있는 것인데, 「타인의 침상」은 쉬지 않고 읽게 했다.

읽고 나서 왜 단숨에 긴 소설을 읽어 내렸을까 자문해 본 결과, 그것은 소설이 재미있기 때문이라는 너무나 당연한 자답이 나왔다. 재미있는 소설, 그것은 소설의 일차 관문을 통과한 것이며, 그 재미는 구성과 표현이 상승작용을 한 것이다. 이렇게 볼 때, 이길환의 「타인의 침상」은 한 여성의 질곡을 다룬 중편소설로 뛰어난 셈이다. 다만 남성 작가에 의한 여성 주인공의 내적 표현에 약간 무리가 있다는 생각이 드나, 전체 구조상 큰 문제는 아니다. 긴 소설을 잘 쓸 것 같다.

자만하지 말고 노력하여 대성하길 빈다.

『오늘의문학』 - 1994년 가을호 통권 29호 1994. 9. 1.

의식의 흐름, 그 묘법

장민하의 「비상의 꿈을 꾸는 어떤 몽상가」「겨울나무와 겨울바람」「뻐꾸기 우는 밤」「별빛 그리고 바람」「채석강」은 그가 응모한 여러 편 중에서 어느 정도 공통성을 갖고 있다. 그의 시에도 나와 있는 초현실주의적 기법을 원용하고 있는 실험시 계열이다.

시인은 항상 새로움을 모색한다. 젊은 시인은 새로움을 모색함에 있어 보다 치열하다. 이러한 탐색과 추구가 아름다운 시인의 모습이다. 장민하의 작품에서 보여주는 의식의 흐름, 그 묘법은 바로 실험정신에서 잉태된 언어의 날갯짓이다.

장민하 시인은 '이제 난 나의 복무 정신을 알았다'고 시 속에서의 깨달음을 밝히고 있다. 그 깨달음의 경지를 예술작품으로 승화시키길 바란다. 그리하여 빛나는 월계관을 장 시인의 것으로 하길 바란다.

『오늘의문학』 - 1994년 가을호 통권 29호 1994. 9. 1.

물의 미학적 형상화

주위출의 「강이 있는 日記」 외 4편을 뽑았다. 이 시인은 물의 이미지를 시의 적재적소에 대입하고 있는데, 이는 시에 신선함과 매끄러움을 준다.

「강이 있는 日記」는 뛰어난 연상의 소산이며 시작 부분인 '어쩌면 강은 천천히 흘러갔을지도…'와 말미의 '어쩌면 강은 빠르게 흘러갔을지도….'에서의 속도감으로 시의 내용을 적실하게 표현하고 있다. 「스스로 깃발을 내릴 때」는 언어의 감각성이 뛰어나다. 「나직하면서 빠른 노래를 들을 때마다」는 상징성이 뛰어나다. 「마네킹의 봄」은 잠재의식의 형상화인 듯한데, '잠에서 깨어나자/ 거리마다/ 물결이 밀려왔다' 등이 이를 확인시켜 주고 있다. 「유월 삼십 일」도 「마네킹의 봄」과 유사한 심성의 표출인데, '내 안의 꽃씨/ 살아서 꿈틀거리면/ 침묵의 섬에서/ 혼란의 섬으로/ 비록 물살 거세어도/ 건너가야지'에서 보여주는 바, 그것은 의지의 표현에 다름 아니다. 이러한 의지로 시 창작의 길을 가면, 시의 길이 아무리 끝이 없는 길이라 해도, 좋은 시인 · 훌륭한 시인으로 찬사 받는 날이 있을 것이다.

『오늘의문학』 - 1994년 가을호 통권 29호 1994.9. 1.

채운정은 한국인이다

채운정의 수필 「안개빛 독일-영원의 나라」를 당선작으로 선발했다. 이 수필은 재독한인 작가에 의한 어느 정도의 객관성 있는 한국 · 한국인의 해부라는 면을 보여주고 있다. 즉 재독한인의 시선에 의해 우리나라의 이모저모가 투영되고 있다. 특히 채운정은 한국인으로서의 자세와 한국 · 한국인에 대한 사랑이 투철한 작가이다.

그녀가 문제 삼고 있는 교통 문제의 심각성, 재외 한인 초등교육의 영세성, 재독 광부와 간호사의 문제, 한국에서 사라지는 전통가옥에의 안타까움 등이 자연스럽게 표출되어 있다. 그러면서도 이런 비교 · 대조의 글에서 일어나기 쉬운 한국인으로서의 자조, 외국에 대한 분별없는 예찬 등을 이 작가는 극복하고 있어 반갑다. 재외 한국인들이 이러한 마음과 사랑으로 걱정하는 한, 제기된 여러 문제는 점차 나아질 것이다.

한국인인 채운정, 그가 펴고 있는바 외국에서의 문학 활동이 만개하길 빌 뿐이다.

『오늘의문학』 - 1994년 가을호 통권 29호 1994. 9. 1.

동심이 넘치는 시

허욱의 「수도사의 옆얼굴」 「보리밭 연정」 「물레야 물레야」 「사랑하는 사람아」 「기도」 등을 뽑았다.

허욱 시인은 知天命의 연륜이며, 청년 시절에는 날리던 文士였음을 아는 사람은 알고 있다. 그의 시심은 순진무구한 동심 그 자체이다. 작품 하나하나에 담긴 그의 순수성이 시심으로 완결된다.

「수도사의 옆얼굴」은 어린 시절의 추억을, 「보리밭 연정」은 키 큰 소녀를 그리워하는 마음을, 「물레야 물레야」는 어머니를 그리워하는 마음을 그리고 있다. 또한 「사랑하는 사람아」는 순수한 사랑을, 「기도」 역시 여리디여린 사랑을 엮어 놓은 작품이다.

청년 시절의 불꽃이 식어갈 때쯤, 다시 붙은 시의 열정이 한국 시단의 뜨거움이기를 축수(祝手)한다.

『오늘의문학』 - 1994년 가을호 통권 29호 1994. 9. 1.

현 자 시 심사평

순수한 혼이 부른 절실한 가락

현자의「산밭골」외 4편을 뽑는다. 각각 副題는 달리 붙어 있어도 原題는 같은 내용을 지향하고 있다.

농사를 떠난 아버지와 병든 어머니에 대하여 읊고 있는 바가 비교적 절실한 편이다. 은근히 다스리고 있는 가락이라는 것도 순수한 혼에 저절로 내배고 있어 반가운 편이다. 숨어서 어지간히 修練을 쌓은 것이 어느 정도는 저력으로 나타났다고 하겠다.

다만 오늘의 이 첫 출발에 있어, 권하고 싶은 것은 언제나 자기의 눈이 발견한 새로운 것을 더 요긴하게 경작해 갈 것을 권하는 바이다.

『오늘의문학』- 1994년 가을호 통권 29호 1994. 9. 1.

인정의 나눔을 높이 평가

현대의 빈익빈 부익부 사회에서는 '가진 자'와 '못 가진 자'라는 차별이 심화되고 있다. 이럴 때에 개인주의가 만연되고, 이러한 상황에서 자칫하면 못 가진 사람들과 가진 사람들의 양극적 충돌이 야기되는 것이다.

이러한 때, 사회적으로 소외된 사람들과 불우한 계층을 끌어올리도록 노력해야 할 필요가 있다. 이러한 노력은 가진 자들의 몫임에 틀림없다.

그러나 크게 가진 자도 아닌 사람들, 평범한 사람들의 따뜻한 마음을 나누는 이야기는 많은 사람들의 가슴에 감동을 준다. 많이 가진 것을 나누는 삶도 아름답지만, 약간 더 가진 것을 나누는 삶은 진정 아름다운 것이다. 이런 이야기, 아름다운 이야기가 김백신의 수필 「촌사람」에 가득하다.

수필은 생활 속의 모두를 있는 그대로 표현할 수 있다. 약간 자랑하는(?) 투의 표현으로 볼 수도 있으나, 남을 돕는 자세가 중요한 것이다. 앞으로도 따뜻한 수필을 지속적으로 창작해 주길 바란다. 표현에도 가일층 노력해 주길 바란다.

『오늘의문학』 - 1994년 겨울호 통권 30호 1994. 12. 1.

김지은(金志恩) 시 심사평

순수 서정으로 빚은 회귀 의식

시는 과연 무엇일까? 시 자체는 무엇이며, 시인에게는 무엇이고, 독자에게는 무엇인가? 또한 인간은 왜 시를 만들어냈는가? 이러한 근원적인 문제에 부딪힐 때마다 아리스토텔레스나, 윌리엄 워즈워드, C. D. 루이스 등의 이론을 떠올려 봐도 명확하게 잡히지 않는다. 이토록 어려운 수수께끼에 도전하는 시인과 시인 지망생이 많은 것은 아마도 시의 길이 어렵기에 의도적으로 도전하는 것은 아닐까 하는 예측을 가능하게 한다.

시인이 시인으로 자리매김 되기 위해서는 남과 다른 성채를 하나 멋지게 쌓아 올리는 일이다. 이런 의미에서 볼 때, 김지은의 「강」 외 여러 편에서 보여주는 것은 김지은이 쌓은 하나의 성채를 보여주는 것에 다름 아니다. 김지은의 여러 작품에서 5편을 선발하고 재독한 결과 감득되는 것은 순수 서정으로 빚어낸 회귀 의식이었다. 한국적 전통과 '어제' '유년' 등의 시어, 어릴 때의 고향과 연결되는 '백도' '공기 섬' 등이 유년 회귀 성향을 보여주는 단서가 된다.

이러함에도 불구하고 시적 표현이 뛰어나서 김지은의 새로운 작품도 기대가 크다. 가일층 분발하기를 바란다.

『오늘의문학』 - 1994년 겨울호 통권 30호 1994. 12. 1.

신세대 의식의 형상화

나재필의 「가을비」 외의 작품은 신선해서 좋았다. 고전적 의미에서의 시 형식은 변함이 없으나 언어와 이미지가 항간에서 말하는 신세대 의식의 흐름을 시로 형상화하고 있는 듯하다.

사실 '신세대'라든가 '신세대 의식'이 이론적으로 정립되어 있는 것은 아니다. 기존 질서에 대한 파격의 새로운 질서, 이미 뿌리내린 매너리즘에 새로운 충격을 가하는 의식의 편린을 언필칭 '신세대'로 지칭하고 있는 듯하다.

나재필의 시는 신선해서 당선으로 뽑았다. 이 말은 능수능란한 전문가는 되지 못했지만 문학적 발상이나 이미지의 흐름으로 예견하건대, 새날의 주인공이 되리라는 기대로 선발했다.

현재의 새로움, 새로움에의 추구를 변함없이 모색하길 바란다. 우리에게는 이미 달통한 신인이 필요한 것이 아니라, 어줍으면서도 장래성 있는 신인이 필요한 시기이다.

『오늘의문학』 - 1994년 겨울호 통권 30호 1994. 12. 1.

박광영 시 심사평

감각적 표현이 좋았다

신세대는 신세대다워야 한다. 박광영의 작품을 선발하고 나서 심사평을 쓰기 위해 재독한 결과의 요약이다.

「석장사」는 불교적 편린이 드러나 있다. 표현 역시 뛰어나다. 그러면서도 예스러워 신세대답지 않다. 「현장에서」는 젊은이의 시각에 비친 현실을 사실주의적으로 그려내고 있다. 「고향」은 「석장사」의 흐름과 유사하다. 그러나 「신구약성서」는 인간 본질의 문제를 '신'을 통해 모색하고 있으며, 「철들기」 1, 2는 완전 신세대의 약간은 치기(?) 어린 시각의 발현이다.

어떻든 이러한 시들이 일관성 있는 카테고리에 묶여 있지 않고 자유분방한 듯이 짜여 있으나 그 속에는 보이지 않는 질서가 느껴졌다. 인간이 추구해야 할 바, 시인으로서의 자세를 점검하며, 자 이제 날개를 단 이카로스가 되었으니 태양을 향해 날아가라.

『오늘의문학』 - 1994년 겨울호 통권 30호 1994. 12. 1.

詩想이 날카롭고 새롭다

박봉주의 「수몰지구」 외 4편을 뽑는다. 그의 시조는 詩想이 우선 날카롭고, 새로운 면모가 마음에 든다. 그만큼 무얼 캐겠다는 각오가 여러 군데에서 나타나고 있다.

새로움을 바탕에 깔고 있는 사실이 新人답게 패기에 얹혀 빛나고 있어 그것이 돋보인다. 다만 한 가지 극복해야 될 과제는 그것으로 말미암아 가락이 자연스럽게 흐르지 않고 있는 것을 들고 싶다. 字數 지키기는 그런대로 합격이지만, 그것이 스무드하게 律動을 거느려야 할 것을 작은 약점으로 지적하는 바이다.

이것을 서서히 다져나가기를 당부한다.

『오늘의문학』 - 1994년 겨울호 통권 30호 1994. 12. 1.

박승범 시 심사평

은유와 굴절의 시학

당선으로 확정한 박승범의 「샘물을 뜨며」 외 4편은, 시작할 때 조금 느끼게 하고, 끝에 가서 콱 느끼게 하는 구조로 짜인 듯하다. 일부러 그렇게 창작한 것은 아닐지 모르지만, 그의 시는 읽으면서 읽기 시작한 느낌을 죽 견지하다가 결말 부분에서 극대화하고 있음을 알 수 있다.

느낌의 시, 감동을 주는 시, 읽으면서 코끝이 찡하게 하는 시를 쓰는 것은 어렵다. 어려운 이 작업을 은유와 감성으로 표출하고 있어 앞날이 촉망된다. 있는 그대로를 보여주지 않고 감성을 표현하되 시인의 프리즘에 의한 굴절 역시 기대되는 바가 크다.

'산바람 혀끝으로/ 샘물을 뜬다' '낡은 지우산 받쳐 든 옥녀봉' 등은 뛰어난 표현이다. 또한 「눈 내리는 어느 날」의 모성애, 「파도는」의 의인법, 「상수리나무」의 안타까움, 「어느 날 강경에서」의 귀향 의식 모두 시적 형상화에 성공하고 있다.

당선으로 확정하고 나서 바라는 바, 그 하나는 언어의 절제와 시적 표현법에 유념하라는 것이다.

『오늘의문학』 - 1994년 겨울호 통권 30호 1994. 12. 1.

한몫 해낼 잠재 가능성

응모작 가운데 유형종의 「아름다움의 비율」을 당선작으로 내놓는 마음은 가볍고도 무겁다.

당선자는 이미 많은 습작을 거쳐 오늘의 이 지점에 이른 것으로 보인다. 앞으로 뻗어 나갈 저력이랄지 또 이를 뒷받침해 줄 탄탄한 잠재 가능성을 생각하면 우리는 그가 장차 분명히 한몫을 해낼 것임도 예언할 수 있다.

그러나 단지 이 한 작품을 놓고 우리가 주문해야 할 작품의 완성도, 또는 신인다운 참신성이라는 잣대로 잰다면 당연히 아쉬움이 따르지 않을 수 없다는 얘기이다.

이제 당선자의 앞에는 이 두 개의 주사위가 동시에 던져져 있다. 당부하건대 당선자는 앞으로의 활발한 작품 활동을 통해서 우리의 '지금이 무거운 마음'을 한시바삐 거두어 주기를 바란다.

『오늘의문학』 - 1994년 겨울호 통권 30호 1994. 12. 1.

윤정옥 소설 심사평

소설의 멋은 내 손에

현대는 산문시대라고 한다. 그러나 불확실성의 시대라고 한다. 대하소설이나 장편소설을 써야 잘 팔린다고 한다. 그러나 문학성은 단편소설로 가늠한다고 한다. 또한 바쁜 현대에는 콩트밖에 읽을 시간이 없다고 한다. 그렇다면 현대의 소설가는 어느 장단에 춤추어야 하는가?

무엇을 써야 하는가, 어떻게 써야 하는가 하는 문제는 작가 개인이 판단해야 한다. 그런 의미에서 윤정옥의 「확인」은 콩트로서의 적절한 소재, 적절한 구성, 적절한 표현을 하고 있다. 독자들의 눈을 꽉 부여잡고 놓아주지를 않는 것이다. 그리고 결말 부분에서 콩트의 특질이 '이런 것'이라고 보여준다. 나머지 작품도 같다. 재미와 의외성이 신선하다.

어떤 소설을 쓸 것인가의 문제와 어떻게 써야 하는가의 문제를 이제 더욱 심도 있게 천착하여 한국의 소설가, 세계의 소설가로 대성하길 기대한다.

『오늘의문학』 - 1994년 겨울호 통권 30호 1994. 12. 1.

'동심의 엉뚱함'을 표현 잘해

아동문학은 문학적 성취를 통한 예술성 획득이라는 전제에 동심의 발견이라는 또 다른 '멍에'를 써야만 한다. 이 말은 동시는 시로서의 예술성과 동심이라는 다른 특성을 오버랩 시켜야 한다는 것이다.

이대희의 동시「더위한테 맞았어」등은 동심의 특성인 '엉뚱함'이 뛰어나다. 이러한 엉뚱함은 조화와 균형 속에 새로움을 찾는 것인데, 이러한 의미에 접근하고 있다.

「더위한테 맞았어」는 일반적으로 더위 먹었다는 것에 대해 더위한테 맞았다는 어린이 같은 발상이 표출되고 있다.「강들의 이야기」는 평범한 작품이고,「매미」는 자신의 심정을 매미에 의탁하여 표현하고 있다.「인신매미」와「나머지 공부」는 언어의 유사성에 초점을 맞추고 있다.

이대희의 동심을 대하면서 기발함만을 추구하지 말고, 어린이다운 순수 서정의 형상화에도 힘썼으면 하는 소박한 바램이 들었다.

『오늘의문학』- 1994년 겨울호 통권 30호 1994. 12. 1.

등대와 같은 언어의 빛

임승도의 「등대 일기」 외 4편을 당선시키기로 했다. 그의 시 세계는 대조적 심상을 잘 대비시켜 이미지의 선명성을 잉태하고 있다. 물론 시에서의 대조적 심상이 바람직한가에 대한 의문의 여지는 있으나, 인상파 화가의 작품에서 보이는 주제의 선명성을 극대화하고 있음에는 틀림없다.

「등대 일기」에서는 밤과 등대 불빛이 대조되어 있고, 「B 공단의 퇴근 시간」은 작업량에 의한 무게와 퇴근의 가벼움이 대비되어 있고, 「5월의 바다」는 푸른 기억과 절망 등이 점철되어 있으며, 「무녀도」는 소복의 여인과 선녀가 한 시점에서 겹쳐지고 있으며, 「밤 · 도깨비와의 씨름」은 토속적 질곡과 그로부터의 일탈 의식이 형상화되어 있다.

임승도 시인은 시를 계속 창작할 것 같은 느낌이 든다. 그런 '끼'를 감지하게 한다. 더욱 문학성 높은 작품을 창작하기 바란다.

『오늘의문학』 - 1994년 겨울호 통권 30호 1994. 12. 1.

전통을 되살리려는 노력 돋보여

시에 '전통'이란 용어가 존재하는가, 또한 합당한가, 또한 필요한가 하는 문제가 도출될 수도 있다. 그러나 이미 어떤 사회든지 전통이 존재하고 그에 가치 부여를 하는 것은 보편화되어 있다.

최종진의 경우에는 전통 의식과 전통적 소재에 남다른 관심을 갖고 있으며, 그것이 시적으로 형상화되어 당선으로 뽑았다. 되새겨보면 전통이란 용어를 대입하면 그것이 바로 현대에서 후퇴하는 듯한 느낌을 주는 것 같다. 그러나 그 전통은 본질의 천착에 다름 아니다.

우리의 것을 지킨다는 것은, 물질화 · 국제화의 와중에서 지난한 일이지만, 이러한 만난(萬難)을 극복하고 우리의 것을 지키려는 최종진 시인에게 박수를 보낸다. 시인은 자신이 추구하는 지고지순의 가치를 향해 매진하는 사람이다. 최 시인이 지향하는 바, 문학적 목표를 향해 일취월장하기를 빈다.

『오늘의문학』 - 1994년 겨울호 통권 30호 1994. 12. 1.

황화숙 수필 심사평

한국인의 전통의식 빛나

최근 들어 패륜 범죄나 공직자 부정이 크게 사회문제화되고 있다. 이러한 현상은 우리들로 하여금 무엇이 참된 것이고, 우리가 어떻게 살아야 하는가를 생각하게 한다.

이러한 사회 혼란을 극복하고, 진정한 복지사회 · 정의사회를 구현하기 위해서는 한국인의 전통윤리 의식의 회복이 필수적이다. 물론 사회 · 경제 · 문화 · 정치 · 교육 모두가 중요한 것이지만 개인적 윤리의식의 회복이 최우선하는 것이다.

황화숙의 수필 「나무 찬합과 친정어머니」는 잔잔한 감동을 주는 작품이다. 부유하지 않으나 그 속에서 행복을 찾고, 많이 공부하지 않았으나 정직한 삶을 영위하도록 한 부모와 자녀의 교감이 한 편의 수필로 직조되어 있다.

혼란한 사회에 필요한 한국인의 전통의식이 빛나는 수필을 당선작으로 선택했다. 좀 더 예술성 있는 작품을 창작하길 바라지만, 전통의식을 가진 것만도 훌륭하다.

『오늘의문학』 - 1994년 겨울호 통권 30호 1994. 12. 1.

시는 비유다

김기수의 시를 읽으면서 다시 떠올리는 명제가 바로 시는 비유로 되어 있다는 것이다. 주로 은유를 통해 시적 원형질을 형상화하고 있는데, 그 시각이 예리하면서 적절하게 접합되어 있다.

'아버지 갈라진 발바닥의 물꼬' '새벽 접시 물에 고이는 아픔' '날기 위해 퍼덕이는 아기 새의 간지럼' '어둠의 그물에 누워버린 밤' '그 문의 잔잔한 바다' 등은 비유와 감각성이 뛰어난 표현이다.

시인은 무엇을 노래하는가에도 관심을 가져야 한다. 그러나 어떻게 노래하는가 하는 것이 더욱 절실한 과제이다. 김기수의 시가 갖고 있는 것은 한국인의 토속적 심성을 감칠맛 나게 표현하고 있음에 다름 아니다. 재치 있는 시인이다. 좋은 글을 쓸 것 같다.

『오늘의문학』 - 1995년 봄호 통권 31호 1995. 3. 1.

「비 오는 날」의 홀로서기

김홍각의 시를 당선으로 내보낸다. 그가 응모한 시를 정독하다가 그의 시심에 매료되어서다. 그의 다른 작품도 새로움을 동반하고 있으며 독자성이 느껴지는 것도 사실이다.

그러나 그의 작품 「비 오는 날」을 읽고서야 당선으로 확정했다. 그가 말한 바, <빗속에 홀로 서고 싶다>고 한 것처럼 그가 문인으로 홀로 서고 싶어 하는 강한 욕망을 인지했기 때문이다.

자, 이제 김홍각 시인은 「휘파람새 보셨나요」에서와 같이 문학적 연인도 찾으시오. 「사랑하기 없기」에서처럼 자신의 갈무리를 확실하게 하시오. 「우리는 모두 속았다」처럼 삶의 허상도 파헤치시오. 그리고 「친구에게」처럼 풋풋한 정도 나누시오. 시인의 펜 속에 힘을 넣어 나름대로 홀로서기를 하시오.

『오늘의문학』 - 1995년 봄호 통권 31호 1995. 3. 1.

남길수 동시 심사평

동심의 새로움 보여줘

남길수의 동시는 동심이 새롭게 변신한다. 「귀 기울이면」의 시작부터 새롭다. 〈산속 바위틈에서/ 또옥 똑/ 봄이 떨어진다〉에서 '봄'의 원관념은 얼음(고드름?)이 녹아떨어지는 물방울이 분명할 텐데, 이를 비유적으로 표현하고 있다.

동시는 성인 시보다 한 단계 더 어렵다. 어떤 이들은 쉽게 쓰면 동시이고, 어려운 언어를 사용하면 성인 시인 줄 착각하고 있는 듯하다. 그러나 동시는 그것이 아니다. 쉽게 써야 하지만, 이에 동심이 자연스럽게 용해되어 있어야 하는 것이 동시의 묘체이다.

어떻든 남길수의 동시를 보면, 시로서도 성공하고 있으며, 동심의 오버랩(overlap) 효과도 뛰어나다. 동심의 희 · 로 · 애 · 락이 깃든 명시 창작을 주문하며 당선을 축하한다.

『오늘의문학』 - 1995년 봄호 통권 31호 1995. 3. 1.

박옥렬 수필 심사평

심리적 긴장감이 좋아

수필을 내용적 측면에서나 형식적 측면에서 쉽게 생각하는 것이 일반적인 성향인 듯하다. 붓 가는 대로 쓰면 된다느니, 무형식의 형식이라느니, 수필가들의 뛰어난(?) 정리로 인한 정의가 분분하다. 그러나 수필이 정녕 그러할 때, 어느 누가 수필을 읽으며, 또한 수필을 예술이라 할 것인가?

박옥렬의 수필 두 편 모두 구조가 뛰어나다. 소설에 가깝다. 그중 좀 덜 소설 같은 작품 「밤낚시와 도둑」을 당선으로 선택했다. 이 작품은 있을 수 있는 사건을 재미있고 긴장감 있게 엮어나갔다. 상황 묘사와 심리묘사가 뛰어나다. 현재와 과거의 유기적 결합도 좋다. 소재만 주어진다면 어떤 소재도 수필로 소화해 낼 수 있으리라는 믿음이 간다. 삶의 진실이 담긴 훌륭한 예술가로서의 수필 창작에 집념할 것을 권한다.

『오늘의문학』 - 1995년 봄호 통권 31호 1995. 3. 1.

박정규 시 심사평

순결한 시심

박정규의 시는 슬픔을 내재한 종교 정신의 승리라고 하겠다. 〈초저녁 하늘에 잔별이 뜨면/ 지친 영혼 이끌고/ 서럽게 울었습니다〉에서 느껴지는 박 시인의 서정은 순결하면서도 애상적이다. 이러한 애상은「사부곡」에서 감지할 수 있는 바, 어릴 때의 부친상에서 연유된 듯하다. 〈이승의 슬픔은 떨쳐 버리고/ 못다 한 이야기는/ 잔솔가지 위에 녹여 볼까나〉가 보여주는 시적 발상이 그러하며,「어머니의 손」과 결부되어 보이는 시 세계가 그러하다.

그러면서도 박정규는 이런 애상적 정서를 직접 표출하지 않고 깨끗이 다음에서 형상화하고 있다.

〈문풍지 울리는 눈보라 속에도/ 깨진 무릎, 거친 발등 싸매줄/ 옷자락 잡을 수 있다면〉 박 시인은 애상을 극복할 것이다. 그리하여 그의 작품「바실리카의 승리」처럼 승리할 것이다. 그의 시는 애상을 극복하고 순결한 시심을 언어로 직조한 것에 다름 아니다. 영혼의 맑은 목소리를 계속 창작하기 바란다.

『오늘의문학』- 1995년 봄호 통권 31호 1995. 3. 1.

상징적 의미를 찾아

서영자의 시조는 쉽다. 현대시 중에도 비유와 상징으로 난해하고, 표현의 생경함이나 기교로 외화내빈의 느낌이 들 때가 많다. 어려운 시가 좋은 것은 아니다. 같은 의미로 쉬운 시만이 좋은 것은 아니다. 서영자의 시는 쉬우면서도 그 속에 삶의 철학이 은은하게 녹아 있어 읽기에 편하다.

「세월, 그 강가에서」는 세월 · 강물 · 인생이 하나로 융합되어 있다. 삼자의 공통성을 지나치지 않게 표현하여 과유불급의 묘미를 살리고 있다. 「여름, 그 울림」은 매미와 인생을 묶어 보여주고 있으며, 「어머니」는 모정에 대한 그리움을, 「꿈, 그 영상」은 단순한 꿈을 시화했다. 또한, 「빈손으로」는 불교적 상상력이 빚어낸 작품인데, 모든 작품이 쉽게 이해되면서, 또한 울림으로 느껴지면서, 그 속에 삶의 이치를 접맥시킨 것은 시적 자질이 훌륭하다는 시사이다.

한국 시조의 커다란 별이 되길 바란다.

『오늘의문학』 - 1995년 봄호 통권 31호 1995. 3. 1.

양호길 소설 심사평

실존의식의 소시민적 접근

양호길의 이 소설은 장편 속의 서장에 해당되는 부분이다. 앞으로 전개될 내용의 전제라는 것이다. 자신의 삶을 심리묘사에 의해 기록한 것은 자전적 소설, 즉 사소설의 범주에 속한다.

그러면서도 이 작품이 작품다울 수 있었던 점은 복잡다단한 현대 소시민의 입장에서 정리되어, 어떻게 보면 안쓰러워 보이고, 어떻게 보면 답답해 보이고, 어떻게 보면 슬픈 철학적 사고를 통하여 삶을 담담하게 표백하고 있다는 것이다.

일부 소설 작법 상의 미숙성이 드러나지만, 이는 오히려 진실성의 확대라는 긍정적 평가로 귀착되었다. 앞으로 기대하는 바가 크기에 당선으로 확정했음을 밝히며, 발분의 노력을 주문한다.

『오늘의문학』 - 1995년 봄호 통권 31호 1995. 3. 1.

이명숙 수필 심사평

등대 불빛 같은 마음

이명숙의 수필 세 편을 읽었다. 「두부 종소리에 부쳐」는 현실에서 옛 서정을 찾는 마음이 직조되어 있다. 「차례상을 차리면서」는 한국인의 정성과 품격이 드러나고, 「어떤 항아리」는 정의 아름다움이 내재되어 있다. 그중에서 「두부 종소리에 부쳐」를 당선작으로 뽑았다.

「두부 종소리에 부쳐」는 여학생을 지도하는 선생님의 입장에서 아름다운 감성을 일깨우고자 하는 마음이 훌륭하게 직조되었기 때문이다. 이 글에서 현대(현실)는 자동차 홍수시대인데, 작가는 예전의 두부 장사 종소리에 따뜻한 시선을 보낸다.

그러면서 결미에 <종소리 하나만으로도 좋으니 메말라가는 학생들의 감성에 좀은 보탬>이 될 종소리로 차임벨을 대신하고 싶다는 소박한 신념을 보여주고 있다. 등대 불빛 같은 마음의 표출이다.

자신의 서정과 신념을 에피소드를 통해 보여준 형상화 작업은 높이 평가할 만하다. 자만하지 말고 각고의 노력으로, 대성하는 수필가로 우뚝 서길 바란다.

『오늘의문학』 - 1995년 봄호 통권 31호 1995. 3. 1.

엉뚱함과 낯섦

시의 출발은 공감의 장일 것이다. 한 사람이 경험한 이성과 감성의 실타래를 또 다른 사람이 듣거나 읽고 공감할 때, 그 작품은 빛나는 것이다.

그렇지만, 매너리즘을 벗어나려는 노력의 일환으로 작품을 남들과 다르게, 새롭게 하기, 엉뚱하게 하기, 낯설게 하기 등이 등장하고 이론적으로도 정립되고 있다.

이용근의 시는 이러한 느낌이다. 덜 다듬어진 듯하면서도 독자적 구조와 독특한 질서가 감지된다. 그가 화가(조각가)라는 것을 전제로 할 때, 부각시킴과 삭제함의 원칙이 시 속에도 등장하는 것 같다.

「나는 안다」의 1연 끝 두 행, 2연 끝 두 행의 처리라든가 「시계 소리」의 끝부분이라든가 「똥내음」의 독설이라든가 「고향 별곡」「심산 별곡」의 순수성 등이 새로움의 경이와 함께 발상의 묘미를 보여주고 있다.

미술과 함께 시 창작의 길로 나섰으니, 예술적 맛과 멋을 깊이 있게 다루길 바란다.

『오늘의문학』 - 1995년 봄호 통권 31호 1995. 3. 1.

이증수 수필 심사평

실상과 허상의 분별

이증수의 수필 「공갈젖꼭지」를 당선작으로 확정했다. 응모한 수필이 4편인데, 모두 삶의 진실이 배어있는 가편들이다. 「아버님 날 낳으시고」의 진실과 허상에 대한 견해라든가, 「용돈 회수」「비상금 소동」의 일상성의 묘미 등이 수필로서 손색이 없다. 콩트에 가까운 구성을 보여준다.

「공갈젖꼭지」는 어린아이들이 입에 물고 있는 젖꼭지인데, 병이 없는 것을 말한다. 작가는 하나의 현상을 통해 현대인의 무정함 · 기만성 · 애정결핍 등을 심도 있게 지적하고 있다. 이는 사람이 정과 진실과 사랑으로 이 세상을 아름답게 만들어야 한다는 주장과 같은 맥락이다.

현대의 혼란한 사회에서 실상(진실)과 허상(공갈)을 가려내어 실상의 확산을 유도하는 것은 바람직하다. 신념대로 창작하면서, 밝은 사회를 선도하는 수필가의 탄생을 축하한다.

『오늘의문학』 - 1995년 봄호 통권 31호 1995. 3. 1.

수구초심(首丘初心)의 정신

정정길의 수필을 심사하면서 깔끔한 성격일 것이라는 생각을 했다. 맞춤법 · 표준말 · 부호 등 모든 것이 제대로 갖추어져 있고, 내용도 좋으면서 필체가 바르기 때문이다.

수구초심(首丘初心)이란 굴을 찾는 여우를 예로 들어 말하고 있지만, 근원적인 것은 인간의 내면에 존재하는 의식의 단면을 보여주는 것이다. 정정길 수필가는 이러한 의식의 단면을 여러 가지 에피소드를 통해 보여주고 있다. 자신의 주장을 단언하는 것이 아니라 조용히 제시함으로써 공감대를 형성하고자 한다.

그 예로 「연어」의 귀향, 정지용의 시 「향수」의 내용, 맹인 가수의 「타향살이」 노래 등을 통해 현대인의 귀향을 보여주고 있다. 이 작가는 고향을 통해 인간다움을 완성하고자 하는 견해를 피력하고 있는데, 마음속에 고향을 지니고 있을 때, 위안이 되는 것은 필연이 아닐까. 더욱 힘써 따뜻한 수필, 현대인의 메마른 가슴을 촉촉이 적셔줄 수필을 많이 창작하길 바란다.

『오늘의문학』 - 1995년 봄호 통권 31호 1995. 3. 1.

김연산 시조 심사평

가락의 멋스러움 돋보여

시조를 추천한다. 김연산의 「석류」 외 4편이 그것이다. 시나 시조나 결국은 같은 맥락을 갖고 있지만, 그중에서도 시조는 정형시이기 때문에 字數의 제한을 받는다.

그러므로 언제나 가락이라는 것을 얼마나 잘 다스리고 있느냐에 따라 시를 잘 살려야 하는 데로 나아간다. 언뜻 느끼기엔 字數는 지켜야 하는 것이 운명으로 따르는 것 같지만, 요는 그것을 지극히 자연스럽게 다루어야 하는 것이다.

그런 면에서 보면 그동안 훈련을 쌓은 자태가 여기저기 드러난다. 억지로 字數를 맞춘 흔적이 없고 지극히 부드럽게 시가 흐르고 있어, 그것이 돋보인다. 오늘의 이 등장을 계기로 더욱더 부지런히 보배를 채광하기를 당부한다.

『오늘의문학』 - 1995년 여름호 통권 32호 1995. 6. 1.

서정으로 빚은 시정신

김원진의 시는 시상과 서정이 조화롭게 엮어져 좋다. 주제를 부각시키기 위해 예술성을 등한시한 작품은 조리하지 않은 음식과 같다. 내용은 빈약한데도 겉멋만 부린 작품은 조미료로 맛을 낸 음식과 같다

김원진의 시는 한국적 재료에 손맛을 더해 만든 한국 토속미를 보여주고 있다. 그이 가슴에는 뜨거운 열정과 정의감이 꿈틀거리고 있다. 민족사의 질곡과 현대 교육이 갖고 있는 맹점이 그의 시야에 각인되어 있다. 이런 것들이 언어로 녹아 그의 시가 되었다.

「겨울 황토재」「황토재의 난」은 자생란에서 동학혁명을 연상하고 있으며, 기타 세 작품은 교육자로서의 소회를 담담하게 형상화하고 있다. 뛰어난 시인으로, 한국의 뿌리와 멋을 찾아내는 시인으로 자리매김할 것을 믿으면서 또한 이를 주문한다.

『오늘의문학』 - 1995년 여름호 통권 32호 1995. 6. 1.

김인숙 시 심사평

곱게 수놓은 詩心

정확하게 70편, 시집 한 권 분량으로 신인상에 응모했다. 양의 다과(多寡)가 작품의 질을 결정하는 것은 아니지만, 그만큼 시심을 닦는데 열심이었다는 검증은 되었다.

김인숙의 작품은 일상사의 크고 작은 일에 관한 소품들이다. 그러면서도 곱고 아름답게 시의 밭을 갈고, 씨를 뿌리는 모습이 믿음직하다. 거의 비슷비슷한 수준의 작품 중, 뽑힌 작품인「소록도에서」는 애절한 시심을 보여주어서 심사자의 가슴까지 안타깝게 만들었으며,「눈물 그림자」「겨울에」는 부정적이고 어두운 서정을 노래하고 있다. 또한「그날」「창구에서」는 보다 긍정적이고 아름답게 삶을 형상화하고 있다. 표현함에 있어 막힘없이 자연스러운 것, 이것이 커다란 장점이다.

그러면서도 여타 몇몇 탈락 작품 속에 드러나는 바, 일부 설익은 감정처리, 표면으로 드러나는 '나'를 극복해야 훌륭한 시인이 될 것이다. 이제 시작이니 〈완성 없는 시의 길〉에 최선을 다하라.

『오늘의문학』 - 1995년 여름호 통권 32호 1995. 6. 1.

내면의 형상화가 좋다

박경한의 「겨울 미시령 · 1」 외 4편은 내면의 구체적 형상화가 뛰어나다. 시라는 하나의 집을 지음에 있어, 겉으로 멋스럽게 표현하는 것도 중요하지만, 그보다 속에 담겨있는 내면의 표출이 더욱 중요하다.

「겨울 미시령 · 1」과 「겨울 미시령 · 2」는 겨울이라는 상징물을 통해 삶의 의미를 되새김하고 있다. 「그리움」과 「이력」에서는 서정을 통한 의미 천착이 좋았고, 「희방사 행」에서는 생활 속의 작은 일을 통해 시인의 심리적 반응을 보여주고 있다.

담겨있는 내용과 담고 있는 그릇이 일치할 때 독자들은 감동한다. 약간의 난해성을 극복하면 더 좋은 반응을 얻을 것이다. 선명한 이미지의 구축에도 가일층 분발하길 바란다.

『오늘의문학』 - 1995년 여름호 통권 32호 1995. 6. 1.

따뜻한 마음이 빛나

'선생은 있어도 스승은 없다.'라든가 '학생은 있어도 제자는 없다.'라는 자조적 세태를 많이 듣고 또한 보아왔다. 이는 제도적인 교사와 학생의 관계는 존재하지만, 진정한 의미에서의 스승과 제자 관계는 흔하지 않다는 것이다.

이런 세태에 송민석의 수필 「스승의 날에」는 부정적 시각을 완전히 무력화시키는 힘이 있다. 따뜻한 마음, 순수한 사랑이 빛나고 있다. 존경하는 스승을 마음속에 모실 수 있는 것만으로도 행복한 사람의 모습이 잔잔하게 그려져 있다.

이런 수필, 이런 마음, 이런 사랑이 풍성할 때 우리 사회는 아름답고 살맛나는 세상이 될 것이다. 원래의 낙원을 잃어버린 시대, 이런 수필이 다시 낙원을 찾아 주리라 확신하며, 당선으로 선발한다.

『오늘의문학』 - 1995년 여름호 통권 32호 1995. 6. 1.

수준 높은 동시

동시를 읽는 주 대상은 어린이다. 물론 동심을 가진 성인들이 포함되기도 하지만 주로 어린이가 대상이므로 어린이가 이해할 수 있는 언어로 시를 써야 한다. 최종심까지 올라온 세 분의 작품을 읽으면서 더욱 이런 생각을 갖게 되었다. 한문 투의 낱말은 어린이들이 익숙지 않아 이해가 쉽게 되지 않기 때문에 읽어도 시적 감흥을 주지 못한다.

또 한 가지 언급하고 싶은 것은 시적 긴장감이 부족하다는 것이다. 시는 함축의 문학이기 때문에 시어 하나하나에 의미를 부여하며 써야 하고, 새로운 사실의 표현 방법을 효과적으로 선택하여 나타내어야 한다. 누구나 알고 있고, 보편화된 상식에 불과한 내용의 시는 자칫 어린이들에게 시를 멀리하게 만들 수도 있다.

당선작으로 뽑은 신천희의 작품들은 이런 관점에서 볼 때, 어린이들에게 동시의 맛을 유감없이 느낄 수 있게 하는 꽤 수준 높은 동시다. 「옹달샘」에서 '고 큰 하늘/ 담고도 남아/ 활짝 웃는 내 모습이/ 하나 더 빠져 있었어요.', 「시계」에서 '천천히 와도 돼/ 지구는 둥그니까/ 곧 다시 만나게 될 거야'와 같은 재미있는 표현은 신천희의 오랜 습작에서 얻어낸 값진 노력의 대가라고 확신하며 당선작으로 뽑는데 주저하지 않았다. 앞으로 더욱 정진하길 바라며 기대한다.

『오늘의문학』 - 1995년 여름호 통권 32호 1995. 6. 1.

뿌리 뽑힌 삶의 형상화

양성준의 「떠도는 사람들」은 제주도 관광단지 조성에 얽힌 일화를 통해 삶의 터전을 잃고 떠돌 수밖에 없는 자들의 아픈 이야기를 형상화하고 있다. 스토리 속에 녹아 있는 인물들의 애증이 제주도 토속어(방언)에 의해 사실성을 더해 주어, 오랜만에 만나는 수작 중의 수작이다.

소설은 보편적 인간상을 특수한 설정에 의해 보여줄 때 빛난다. 누구나 알고 있는 평범한 이야기가 아니라, 특별한 경우의 이야기지만, 많은 독자들의 공감대를 형성할 수 있는 보편성을 띠어야 한다는 것이다.

양성준은 이에 값한다. 한마디로 말하면 소설가로서의 끼가 있다. 그러면서도 앞으로 창작 과정에서 콩트 · 단편 · 중편 · 장편 등에 어울리는 이야기 구성에 남다른 관심이 필요함을 덧붙이며, 당선을 축하한다.

『오늘의문학』 - 1995년 여름호 통권 32호 1995. 6. 1.

반전의 묘미 돋보여

글이 하나의 작품으로 완성되었을 때는 예술(ART)이지만, 글을 써 나가는 과정은 기술(SKILL)이다. 아무리 작은 테마라도 훌륭한 작품이 될 수 있고, 아무리 큰 테마라도 보잘것없는 작품이 될 수도 있다.

그런 의미에서 이명미의 「8년 만의 해후」는 반전의 기교를 살린 성공적인 작품이라고 할 수 있겠다. 일상의 작은 테마를 탄탄한 구성으로 전개해 나가는 과정이 좋은 작가로 발돋움할 수 있는 가능성을 보여주고 있다.

한 가지 아쉬운 점은 소설이 아무리 허구라 해도 어디까지나 현실에 바탕을 두고 이루어져야 한다는 것이다. 가장 좋은 작품은 그 민족의 정서를 잘 나타내 주는 것이라 하겠다.

그런데 이 작품에서 보여주는 오빠의 행동 - 자신을 위해서 아버지의 죽음까지도 그냥 지나쳐버리는 - 은 우리 민족의 정서에 어긋나는 내용 전개가 아닌가 생각된다. 앞으로 더 좋은 작품이 나올 것을 기대하며 계속 정진해 나가길 당부한다.

『오늘의문학』 - 1995년 여름호 통권 32호 1995. 6. 1.

이영이 동화 심사평

동화의 특성 효과적으로 드러내

좋은 동화를 쓰기 위해서는 여러 가지 요건들이 많지만 특히 사실성과 흥미성, 단순성, 예술성이 있어야 한다. 사실성은 환상성과는 상반된 개념을 가지고 있지만, 동화에서는 이 두 가지를 모두 수용한다.

흥미성은 흥미와 재미를 주는 동화여야 어린이들이 즐겨 읽기 때문에 이는 동화 창작에 기본적인 조건이다. 단순성은 사건의 전개 과정이 단순해야 하며 사건의 전개가 어린이의 상상을 지나치게 비약하여 주제를 혼동하게 해서는 안 됨을 뜻한다. 예술성은 문장의 효과적인 표현 기법을 뜻한다.

이렇게 볼 때 이영이의 「솔이의 시위」는 위에서 든 네 가지 요건을 모두 충족시킨 작품이라 할 수 있겠다.

동생이 없는 주인공 솔이의 마음의 변화 과정이 무리 없이 전개되어 있으며, 생활 주변에서 쉽게 얻을 수 있는 소재로 생각과 사상을 동원하여 주제를 효과적으로 잘 드러내고 있다. 그러나 '반박할 말이 생각나지 않아', '앙증스러운 아기입니다.'와 같은 표현을 더 이해하기 쉬운 문장으로 나타내었으면 한다.

핵가족의 소자녀를 두고 있는 요즘의 어머니들과 어린 자녀에게 부딪칠 수 있는 문제를 무리 없이 전개한 작품으로써 묘사적 표현이 돋보이는 동화이다. 앞으로 역량 있는 신인으로 활발한 작품 활동이 기대되어 당선으로 뽑았다.

『오늘의문학』- 1995년 여름호 통권 32호 1995. 6. 1.

아픔을 벗겨 만든 투명한 새벽

이황진의 시「난지도 마을」「이 겨울쯤의 작은 뜰」「아버지의 땅」「발가락이 닮았다」등을 당선작으로 내보낸다. 그의 시 속에는 이 시대 소시민의 아픔이 투명하게 벗겨져 있다. 그러나 아픔으로 끝나지 않고 아픔을 초극하여 밝은 내일을 기다리는 믿음이 이황진의 시를 한층 건강하게 만들고 있다.

'불마저 가버리면 먼 서울 불빛으로 새는 날이/ 그래도 예견되는 투명한 새벽이 올까'(「난지도 마을에서」), '잔설이 웅크리고 앉은/ 뜰쯤 가질 일이다. 그것마저 없으면/ 정말 마음 한 곳 붙일만한 데가 없으면/ 하늘 한 뜰 세낼 일이다. 허허로이/ 흰 구름도 지나서 가고 눈썹 휘날리게'(「이 겨울쯤의 작은 뜰」), '겁나하시는 비닐하우스의 아버지 좁은 땅은/ 트랙터 갈이에도 잘게 부서지지 않는 고집투성이의/ 흙덩이이다. 아직은….'(「아버지의 땅」)

높지 않은 톤 속에서 선 굵게 살아 있는 고집을 살려 뚝심 있는 시인으로 성장해 가길 바란다.

『오늘의문학』- 1995년 여름호 통권 32호 1995. 6. 1.

수필가는 자기 철학을 써야

대부분의 문학 초보자들이 서정적인 것만이 문학인 것처럼 생각하기 쉽다. 그러나 문학이 서정적인 것은 문학의 한 귀퉁이에 불과한 것이다. 서정적인 문학이 가장 많아서 그것을 접할 기회가 많았기 때문에 그런 생각을 하기가 쉽다.

이번의 조남인 수필 「사람과 짐승」을 심사하면서 느낀 것이 하나 있다. 한 일이나 들은 일, 본 일을 나열하는 것이 수필인 것처럼 생각하는 사람이 많으나, 그것보다 자신이 느끼고 깨달은 것을 써야 수필이 된다고 말할 수 있다. 작자의 觀을 써야 수필인 것이다. 다른 말로 하면 작자의 철학을 써야 한다는 말이다. 남들은 못 생각하고 못 느끼는 것을 작자가 생각하고 느낀 것이면 다 철학이랄 수가 있다고 본다.

본 수필이 사람과 짐승의 공통점과 차이점을 상호 비교하면서 자신만이 생각하고 느낀 철학을 해학적으로 썼다는 점이 좋아서 선택했다. 앞으로 계속 노력하면 참신하고 좋은 수필을 많이 쓸 수 있다고 보고 작품평을 썼다.

『오늘의문학』 - 1995년 여름호 통권 32호 1995. 6. 1.

삶의 소회가 깃들어 있다

수필을 '삶의 진실한 기록'이라고 한다. 위대한 철학이나 생활 속의 작은 이야기를 거짓 없이 토로하기 때문일 것이다.

박용태(씨)는 사회적 위치로 보나, 연령적인 측면에서 보아도 '신인상'이라는 명칭이 어울리지 않는다. 그럼에도 불구하고 신인상 당선작으로 선발한 것은 박용태(씨)의 겸손하고 진실한 자세, 문학에 대한 진지한 의식이 고마워서이다.

문학의 길에 있어 어떤 비약이나 추월을 의식하지 않고 '문학의 길은 이제부터 시작이다'라는 박용태(씨)의 자세는 앞으로 신인들이 본받아야 할 본보기이다.

노년의 심경을 꾸밈없이 보여준 「가족사진」은 진실성으로 충만하다. 또한 삶의 철학이 충만하다. 이러한 글을 계속해 집필할 박용태(씨)의 노익장에 박수를 보낸다.

『오늘의문학』 - 1995년 가을호 통권 33호 1995. 9. 1.

시적 감수성이 뛰어나

송주호의 시는 언어적 감각이 뛰어나다. 이는 시적 감수성이 남달리 예민하고 뛰어나다는 것이다.

시인들은 언어로 시인의 사상 · 감정 등을 노래한다. 이 언어의 힘으로 시인들은 진리 · 자유 · 평화 등의 관념도 노래할 수 있으며, 생활 속의 작은 일들도 아름답게 노래할 수 있는 것이다.

<그대 잠 속으로 들어가 백목련 푸른 그늘을 만들고 싶었네>의 「봄눈」, <간밤의 전설 속 들쥐처럼 불현듯 불현듯 만나는 거지>의 「손톱을 깎으며」, <엉긴 흙 속에서 칸칸이 나뉘어 각인된 갑골문자를 보았다>의 「발자국」, <가장 작은 별 몇 개를 불러 서너 평 지붕을 얹고>의 「겨울나무」, <멀고 가까운 기억의 뜯어진 솔기를 몰래 고르다가>의 「감기」 등 다섯 편 모두 뛰어난 감수성을 보이고 있다.

앞으로 주제의 선명성만 획득한다면 유망한 서정 시인이 될 것을 믿는다.

『오늘의문학』 - 1995년 가을호 통권 33호 1995. 9. 1.

천직 의식이 소중하다

한 가지 일에 매달릴 수 있는 것은 행복하다. 그 일에 보람을 갖고, 그 일에 매진할 수 있는 사람은 행복하다. 그것이 천직이라고 생각할 때, 일은 보람차고, 보다 능률적일 것이고, 보다 행복할 것이다.

우리의 현실은 천직 의식을 지키려는 사람들이 요구되고 있다. 황금만능주의에 의해 쉽게 직업을 바꾸는 사람이 늘고 있다. 그 직업에 봉직하고 있지만 스스로 비하하는 경우를 가끔 대할 수 있다. 그럴 때마다 직업에 대한 자긍심, 대를 물려줄 수 있는 소명의식, 그 일이 보람되다는 천직 의식이 그야말로 절실한 것이다.

송태성의 「길」은 이러한 요구에 값하는 작품이다. 교사의 길에서 기쁨 · 보람을 찾아내는 천직 의식의 표출이 값지다. 그와 같은 의식으로 '수필의 길'을 가면, 이 길에서도 빛나는 업적을 쌓으리라 기대한다.

『오늘의문학』 - 1995년 가을호 통권 33호 1995. 9. 1.

신현주 수필 심사평

정감이 넘치는 글

신현주의 수필 「할아버지의 눈물」을 읽으면서 눈시울이 뜨거워짐을 느꼈다. 그래서 당선작으로 뽑았다.

흔히 이런 류의 수필을 쓰다 보면 기록성을 띠게 되어 수필답지 못한 글을 쓰기가 쉽다. 수필 초보자들이 자주 범하는 오류 중의 하나가 진실을 쓰라고 하니까 사실을 기록하는 경향이다.

'사람은 정들 탓'인 모양이다. 시할아버지는 손주며느리를 지극히 아껴주고, 손주며느리는 시할아버지를 진실로 존경하는 이야기를 진솔하게 쓰고 보니, 읽는 이를 감동시키고 있다.

시할아버지가 작고한 지 이십여 년이나 흘렀어도 그 정을 잊지 못하는 마음, 그것이 바로 인간애이며 사람만이 지니는 끈끈한 정일 것이다.

부지런히 노력하여 훌륭한 수필가가 되기를 부탁하면서 심사평을 마친다.

『오늘의문학』 - 1995년 가을호 통권 33호 1995. 9. 1.

이만식 시 심사평

사상과 서정의 융합

이만식의 시를 읽고 나서 <시는 결국 인생의 비평이나 시인의 위대성은 그의 인생에 대한 강력하고 아름다운 사상의 작용에 있다>고 한 매시 아놀드의 정리가 일견 떠올랐다.

이는 이만식의 시가 사상과 서정의 미묘한 선에 자리하고 있다는 것에 다름 아니다. 말하자면 어느 한쪽에 치우치는 듯하면서도, 그러한 편중을 교묘하게 벗어나는 것이다. 이것이 바로 이만식 시의 강점이다.

「광화문 가로수에 기대어」는 민중의식과 역사의식을 감각적 · 상징적으로 묘파하고 있다. 여타의 작품도 생활적 · 감각적인 표현이면서 그 속에 또 다른 의미를 내포하고 있다. 즉 <산마을은 사월의 이마에 눈이 시려 동백 화분 그늘이 몹시 작은 오후> 등이 그러하다.

기대되는 시인의 탄생을 축하한다.

『오늘의문학』 - 1995년 가을호 통권 33호 1995. 9. 1.

포도밭과 새의 이미지

이명기의 작품은 현실적 질곡에서 비상 의지를 보여주고 있다. '포도밭'으로 지칭될 수 있는 현실은 안타까운 서정이 깃들어 있다. 그 서정을 언어적 감각으로 형상화하고 있다. 「포도밭 일기」의 〈소외된 삶〉이라든가, 「풍향」의 〈잘못 새겨진 팻말〉이라든가, 「새」의 〈가난한 자에게도 저녁이 온다〉든가, 「꽃 피는 길」의 〈무덤〉이라든가, 「비를 맞으며 걷다가」의 〈추운 날의 예감〉 등이 힘든 현실의 반영이다.

그러면서도 시인은 '새'로 지칭될 수 있는 비상 의지를 가슴속에 간직하고 있다. 이는 꿈 · 소망 · 희망 · 지향 · 미래 등으로 이름 지어지는 것이다. 그리하여 시인은 〈초분 위의 새들〉도 〈어느덧 쓸쓸함을 지나와 있다〉고 인식했으며, 〈온몸으로 슬픔을 가리고/ 나는 내 안의 하늘을 사랑한다〉고 내면의 꿈을 확인하는 것이다.

이명기는 현실 속에 굳건한 뿌리를 내리고 이상향을 그리는 노래를 끝없이 지속할 것이 확실하다.

『오늘의문학』 - 1995년 가을호 통권 33호 1995. 9. 1.

올곧은 삶의 자세

하나의 에피소드를 통해, 그 속에서 삶의 철학을 캐낸다는 것, 이것이 수필의 길이다.

전석창의 「전화」를 읽어보면, 전화를 통해 삶의 모두가 연결되어 있음을 확인할 수 있다. 전석창은 특히 '전화 예절'을 강조하고 있다. 보이지 않는 전화를 통해, 인간의 기본인 예절을 지켜야 한다는 것이다.

현대는 인간성 상실의 시대라고 한다. 인간성의 상실로 인해 예절은 찾아보기 힘들다고 한다. 초스피드 시대이기 때문에 예절을 하나하나 갖출 시간 · 경황이 없다고 한다. 혹자는 예절은 유교의 보수적 유산이라고까지 한다. 불교나 기독교에도 예절이 커다란 덕목임에도 불구하고 조선시대의 폐습이라고까지 한다.

이러한 때에 '전화'를 통한 예절의 확인은 또 다른 가치를 도출하고 있다. 시대가 변해도 예절의 기본은 변하지 않는 것이다. 누가 뭐라 하더라도 중심이 잡힌 수필을 지속적으로 창작하기 바란다.

『오늘의문학』 - 1995년 가을호 통권 33호 1995. 9. 1.

소설은 시대의 반영이다

소설은 시대의 반영이다. 작가가 처한 현실과 경험을 토대로 상상력이라는 요술 방망이를 도구로 하여 쏟아놓은 이야기의 궁전이다. 아무리 상상력이 뛰어나다고 해도, 소설가의 모든 환경 · 경험 · 지식의 범주에 끈이 닿아 있다. 이는 너무나 상식적이어서 누구나 주저하는 바이다.

최영근의 「길 잃은 어린 양들」은 '장밋빛 인생'이라는 술집에서 친구들과 만나, 전개된 상황을 잔잔하게 서술하고 있다. 그러나 이 작품은 너무나 평범하다.

최영근의 또 다른 소설 「꿀벌과 누에」는 이 시대의 현실을 곡진하게 전달하고 있다. 이 작품은 성공한 방송인으로서의 '아내'와 평범한 '남편'으로서의 '나'를 통해, 시대의 단면을 적나라하게 보여주고 있다. 현실의 독자적 반영, 이를 이야기로 엮어내는 능력, 이것이 최영근의 '쟁이 기질'이 빚어낸 결과물이다.

당선을 축하하며 이 시대 한국의 심전(心田)을 울리는 작품 창작을 기대한다.

『오늘의문학』 - 1995년 가을호 통권 33호 1995. 9. 1.

최정숙 평론 심사평

현상 파악과 정리가 돋보여

최정숙의 「여성해방 문학 시각에서 본 80년대 여성시」를 당선시켰다. 시대에 따른 문학의 특정 현상에 대한 분석과 그 이론적 정리가 제대로 갖추어졌다는 점과 텍스트 선택에서의 능력을 높이 평가했기 때문이다.

특히 80년대 여성 시인들에 의해 발간된 네 권의 시집을 분석하고 종합하는 능력은 남다른 면모가 보인다. 문학평론은 학문적 성격과는 다르다. 학술논문이 곧 평론은 아니다. 또한 감상문적 성격의 수필과도 다르다. 문학평론은 객관성과 주관적 관점의 융합이 필요하다. 최정숙의 문학평론은 이에 값하는 것이다.

그러면서도 지적할 사항이 하나 있다. 「여성주의」, 「여성해방 문학 시각」, 그의 또 다른 평론에서 보이는 「페미니즘 문학 시각」 등의 용어에 대한 정의가 확립되어 있는가? 현실의 문학비평에서 이에 대한 정의를 내리고, 또한 다용하고 있음은 사실이지만, 이론적 전개에서 무리한 적용은 없는가?

더욱 깊은 연구로 문학평론계의 새로운 영역을 구축하기 바란다.

『오늘의문학』 - 1995년 가을호 통권 33호 1995. 9. 1.

그리움을 담은 시

하말숙의 「분꽃」 외 4편을 당선작으로 뽑았다. 모두가 '어머니'를 통한 '소유주의 확인'으로, 과거에 대한 그리움이 읽는 이의 가슴에 '그리움'의 파문을 일렁이게 하고 있다. 전체적인 흐름도 안정되어 있으며, 시인의 감정이 정서로 승화되어 품격 높은 형상화를 보여주고 있다.

〈사는 일 가운데 자잘한 근심의 돌멩이에 지친 발걸음 따라, 초롱에 불 밝히며, 서성이는 분주한 어머니 버선코를 돌아〉 오늘에 이른 시인의 서정이 빛난다. 또한 시인은 〈어머니 질팍히 휘감은 치마폭으로 둥근 해를 감아올리어〉 어두운 현실을 극복하고자 한다.

일일이 열거하지는 않았지만, 어머니를 통한 인간의 근원적 향수를 표출함이 특출하여 선발했다. 다만 과거의 회상만이 지고지순의 가치가 아니라는 점을 노파심으로 새로이 출발하는 신인에게 환기하고자 한다. 끝없는 시의 길에 끝없이 거듭나야 함을 밝히고자 한다.

『오늘의문학』 - 1995년 가을호 통권 33호 1995. 9. 1.

풍유가 뛰어난 시인

김기원의 시는 풍유법(Allegory)을 원용하여 비판적 원형질을 밀도 있게 보여주는 작품이다.

풍유는 본뜻을 뒤에 숨기고, 비유되는 말만으로 숨겨진 본래의 뜻을 암시 · 풍자하는 것이다. 즉, 암시 · 풍자를 가지고 있는 내용을 비인격적인 무생물 · 하등동물 등에 비유하여 슬며시 돌려 타이르거나 빗대어 말하는 것이다.

김기원의 「개구리 · 1」에서 「개구리 · 5」까지 다섯 작품에서 보여주는 시적 원형질은 풍유를 통한 비판이다. 「개구리 · 1」에서는 '천둥'과 함께 젊은이의 죽음 · 다리의 내려앉음 · 가정 파괴범 · 영아 살해 등의 사회적 부조리를 고발하고 있다. 「개구리 · 2」 역시 대조에 의한 강조, 「개구리 · 3」은 외래문화의 범람을 비판적으로 형상화하고 있다.

그러면서도 「개구리 · 4」와 「개구리 · 5」 같은 생활 속에서의 인간적 서정을 풍자적으로 보여주는 등 괄목할 시인이 되리라 믿어 당선시킨다.

『오늘의문학』 – 1995년 겨울호 통권 34호 1995. 12. 1.

인간성 회복에 대한 염원

수필은 무형식의 형식을 가졌다. 그러나 내적인 울림이 잔잔한 파문을 만들어낼 때 그 수필은 성공작이다.

김수용의 수필「밤의 시간엔」은 잔잔한 감동을 주는 글이다. 그러면서도 인간성 회복에 대한 염원이 완곡하게 간직된 수필이다.

김수용은 여유와 사색을 주장하고 있다. 〈밤하늘 속에서 하루의 삶을 반성하고, 불확실한 미래에 대하여 과감히 계획하고 도전하며, 사색을 통하여 자기 속에서 미처 발견하지 못했던 새로운 자아를 찾았을 때, 우리들은 밤이 인간에게 주어진 커다란 축복임을 다시금 알게 한다.〉고 담담한 어조로 주장하고 있다.

김수용이 꿈꾸는 바, 〈맑고 아름다운 삶〉을 간직한 수필 창작을 기대한다.

『오늘의문학』 - 1995년 겨울호 통권 34호 1995. 12. 1.

김영주 동화 심사평

수준 높은 동화

동화는 사실성 · 흥미성 · 단순성 · 예술성이 있어야 한다. 또한 주 독서 대상인 어린이들의 지적 · 정서적 성장에 도움이 되어야 한다.

김영주의 동화 「비행기 조종사처럼」은 어린이의 순수한 마음이 효과적으로 표현되어 있다. 사실적이고, 구성에 의한 묘미를 보여주면서, 어린이들이 이해할 수 있는 내용이며, 작가정신이 예술혼으로 거듭나고 있다.

주인공 영찬이와 자전거에 얽힌 이야기가 무리 없이 전개되어, 독자들의 시선을 붙잡아 두는 마력이 있는 작품이다.

어린이들의 꿈과 사랑을 수놓는 동화의 창작에 진력할 것을 믿고 신인상 당선작으로 뽑으며, 박수를 보낸다.

『오늘의문학』 - 1995년 겨울호 통권 34호 1995. 12. 1.

김준기 시 심사평

깨달음의 경지, 표현도 훌륭해

깨달음의 경지에 따라 시의 등급이 매겨진다. 시인이 갖고 있는 원형질의 바탕에 표현의 완성도가 높으면 시의 품격이 높아지는 것이다.

김준기의 시는 불교적 깨달음이 선적 경지에 들어 있다. 말하자면 깨달음에 의한 내면의 울림을 구체적 시어로 잘 표현하고 있다. 시 한 편 한 편에 흐르는 일관성이 시인의 창작 수준을 가늠케 하는데, 뛰어난 형상화를 보여주고 있다.

〈덕유산 쇠 북소리/ 청동빛 울음〉에 의한 깨달음, 「월인천강지곡」에 나타난 불교 설화와 현실의 교묘한 접합, 〈예감의 주술처럼 흐르는 낮달〉과 같은 표현의 멋스러움, 「비의」에 드러난 선문답 등이 독자들에게는 새로움의 경이를 맛보게 하는 요소들이다.

김준기의 시구절에 있는바 〈한 점 혼불이라도 지필 일〉인 시 창작에 전념하여 한국 문학사의 굵은 기둥으로 대성하길 바란다.

『오늘의문학』 - 1995년 겨울호 통권 34호 1995. 12. 1.

신 휘 시 심사평

젊은 시심을 높이 평가한다

젊다는 것은 나이와 정신에 따라 기준을 달리한다. 나이로 인해 젊음을 말하지만, 그 젊음은 상대적이다. 더 많은 나이에 비하면 젊지만, 더 어린 나이에 비하면 연로할 수도 있기 때문이다.

시인의 젊음은 정신의 표출에 따라 달라진다. 나이보다는 주관적 판단에 의해 정리될 수밖에 없는데, 신휘의 작품은 신선한 표현으로 살아있는 정신을 보여주고 있다.

「바람개비」의 마지막 부분 〈우리들 마음의 슬픔을 잘라내며/ 높고 낮은, 각의 편견도 없는/ 둥글게 돌아가는 세상을 만들었다〉에서 보여주는 사상적 편린은 평등주의, 인본주의의 형상화에 다름 아니다. 또한 「우리 시대의 암각화」에 나타난 의식의 단면, 「연어」에 나타난 해탈 의지, 「풍향계」의 뛰어난 감각 등이 젊은 시로 거듭나고 있다.

이제 〈빈약한 수맥 그 기름진 땅을 향해 힘차게 뿌리 뻗어 올리는 제왕의 꿈〉을 실현시키기 위해 노력할 것을 주문한다.

『오늘의문학』 - 1995년 겨울호 통권 34호 1995. 12. 1.

꿈을 통한 서정의 표출

이정숙의 시는 〈꿈〉을 통해 실현되고 있다. 꿈이라는 알파와 오메가가 시의 뿌리를 형성하고 있다.

〈직선이면 어떻고 곡선이면 어때/ 낯선 역이면 또 어때/ 꿈이 있는데〉에서 보여주는 것은 시인 자신을 「꿈꾸는 기차」로 상징하는 데에서 출발했다. 또한 원관념이 시인 자신인 〈나무는 숨차게 봄을 기다리었다. 새살 돋는 봄을 위해 나무는 꿈을 꾼다〉처럼 '새살 돋는 봄'을 통해 재생을 염원하고 있다. 이런 표현은 직접적인 형상화가 아닌 작품에서도 '소망'하는 형태로 나타나고 있다. 꿈이 있는 곳에 미래가 있다. 꿈을 노래하는 시인에게는 밝은 미래가 기대된다. 보다 시적 성숙 - 주제 · 형식 · 표현 - 에 치열성을 주문한다.

『오늘의문학』 - 1995년 겨울호 통권 34호 1995. 12. 1.

긍정적 가치관 돋보여

이호연의 수필은 긍정적이다. 가끔 부정적인 소재도 등장하지만 그것은 긍정을 위한 도입에 불과하다. 이렇듯 삶에 대한 긍정적 가치관은 아마도 사목활동을 통해 형성된 듯하다.

한 편의 수필을 완성하기 위해 이호연은 여러 에피소드를 등장시키고 있다. 다양함을 통해 귀납적 결론에 도달하게 하는 힘이 있다. 광고·만남과 헤어짐·문학작품·친구 사이 등 모든 생활 속의 작은 일들이 등장한다. 이런 이야기들을 통해 필자의 사상에 접근시키고 있다.

잔잔한 감동을 주는 수필, 이호연의「사랑의 메아리」는 서로 사랑을 나누며 살아가야 할 좌표를 설정하고 있다. 다만 하나, 다양한 에피소드의 소개도 좋지만, 중심적인 제제를 통한 구심점 있는 수필의 창작에 매진함은 어떨까? 첨언해 둔다.

『오늘의문학』- 1995년 겨울호 통권 34호 1995. 12. 1.

현대 단편소설의 세계화

조순배의 작품「바람을 좇는 여자」는 시대의 조류에 걸맞은 작업이다. 한국 현대 소설의 폭이 넓어지고 있다. 경제성장이라는 토대 위에 쌓아지는 탑이지만, 어쨌든 과거 사실주의적 빈곤 문학에서 탈피하여 세계 속의 한국 문학이라는 명실상부한 전통이 확립되고 있다.

조순배의 소설적 구조는 특별한 것이 아니다. 그러함에도 불구하고 시공과 주제가 연계되어 새로운 맛을 생성하고 있다. 소설은 남달라야 하는가? 당연히 그렇다고 대답할 것이다. 그러나 한 편 한 편이 가지고 있는 특수성은 일반적이고 보편적인 삶에 뿌리를 두어야 한다. 뿌리 뽑힌 특수성은 억지나 환상에 불과하기 때문이다. 조순배의 단편소설은 특수성으로 빚은 작품이지만 보편적 공감대를 형성할 수 있는 작품이다.

보다 성숙한 작품의 창작을 기대하며 당선으로 뽑았다.

『오늘의문학』- 1995년 겨울호 통권 34호 1995. 12. 1.

「겨울바다」의 시적 감수성

겨울 바다에 서 있는 시인의 시각은 연상에 의해 구체성을 획득하고 있다. 서정적 자아는 '풍파에 시달리는 바위'로 우뚝 서게 된다. 그러나 생각하는 바위는 '허무의 뿌리'가 흔들려 번민하는 밤을 맞게 된다. 그 상황이 바로 겨울이며, 이 겨울에 '그리움'이 잉태된다.

추경화의 시 「겨울바다」의 흐름이다. 이러한 흐름은 「강촌」도 같다. 그리움의 구체화로 '초겨울 소나무'처럼 늘 푸른 시심을 간직하고 싶은 시인의 의지가 잘 나타나 있다.

「사랑의 언약」「어느 산문 풍경」 모두 좋은 작품이다. 그러면서도 조국 통일을 염원하는 작품 「조국 통일을 위하여」가 무게 있는 작품으로 평가된다.

우리 모두 조국 통일의 작은 벽돌이어야 하기 때문이다. 추경화 시인이 통일의 기쁨을 시로 창작하는 날이 함께 오길 기원한다.

『오늘의문학』 - 1995년 겨울호 통권 34호 1995. 12. 1.

마음속의 행복 찾기

고대섭의 수필은 생활 속의 소사에서 행복을 찾는 내용이다. 두 편의 수필이 모두 같다. 작은 갈등도 있지만 사랑 속에서 극복된다. 「늦잠과 아내의 사랑」은 버릇과 관련된 에피소드이다. 서두에서 〈모든 사람에게 좋은 것이든 나쁜 것이든 버릇이 있기 마련이다〉라는 말에서 앞으로 전개될 암시를 하고, 말미에서 〈일요일이 좀 힘들지만 아내의 따스한 사랑으로 또 일주일이 시작된다〉에서 화해의 심성으로 결말짓는다.

「행복은 마음속에 있는 것」에서는 에피소드를 통한 전개가 아니라 논설문 형태의 수필 특성을 보여주고 있다. 행복의 조건을 고대섭은 〈이웃을 사랑하고, 서로 도우며, 주어진 일에 최선을 다하〉는 것으로 확인하고 있다. 또한 〈행복은 멀리 있는 것이 아니고 바로 내 마음속에 있는 것〉이라는 단순한 진리에 다다르고 있다.

작은 일에서 삶의 진리를 깨닫는 것, 그것도 수필의 묘미이다. 깨달음대로 생활하고 글을 써서 행복한 수필가가 되길 바란다.

『오늘의문학』 - 1996년 봄호 통권 35호 1996. 3. 1.

詩心의 형상화 뛰어나다

김균태의 「선유도에서」 외 4편의 작품은 모두 '물'의 이미지로 형상화되었다. 삶의 질곡과 철학적 명제를 물의 이미지와 언어적 기교로 형상화하였는데, 물이 흐르듯 자연스럽다. 이는 완성도가 높다는 말에 다름 아니다.

이별과 기다림의 정서를 보여주는 〈그대, 아침은/ 새벽 시퍼런 물살 어르며 깨어나겠지/ 한 움큼 깨문 눈발 속/ 섬은 깊어가는데/ 포구에 뒤척이는 바람 잠 못 이루고 있다〉 등은 뛰어나다. 또한 현실적 애증을 극복하여 희망의 서정을 형상화한 〈갈매기 푸드득 햇살로 퍼득일 어귀/ 겨울 강가에서/ 그대, 그리운 이름으로/ 봄을 비빈다〉 등도 뛰어나다. 그리고 현실의 절망적 상황을 보여주는 〈벼랑 끝 하늘로 서던 세상/ 거슬러 부대끼며 울던 세월들/ 다시는 다시는 다짐하면서 自轉하는 물살 위 띄워 보내던 유서〉 등도 훌륭한 솜씨다.

김균태 시인이 빚어내는 언어적 감각을 볼 때, 그는 태생적 시인으로 보인다. 언어를 다루는 감각이 남다르다. 이는 후천적 노력만으로 이룰 수 있는 경지가 아니다. 이런 바탕에 형설의 탑을 쌓는다면 아마도 대성하리라.

『오늘의문학』 - 1996년 봄호 통권 35호 1996. 3. 1.

의식의 흐름과 이미지 창조

오오석의 시는 '의식의 흐름'을 구체적 상관물과 접합시켜 제시하는데, 비유와 상징을 적절하게 활용하고 있다.

「포구에서 방 시인에게」는 고래라는 대상을 통해 시인의 내면세계를 확인시켜 주는 작품이다. 「도모이」는 일제강점기 민족혼의 재생을 꿈꾸는 작품인데 시인의 심리 전개가 극명하게 나타난다. 〈불 질러진 역사책들이여/ 나는 오늘도/ 만취하여 집으로 돌아오는 길〉에서 시인의 심리 전개가 극명하게 나타난다.

「지리산 기행」은 설화를 바탕으로 심리적 추이를 묘사하고 있으며, 「타오르지 않는 도시」 연작시들은 도시인들의 심리상태를 단편적으로 제시하고 있다. 또한 「벼랑박 이 씨」는 노동 현장의 상황 전개가 개성적이다.

앞으로 쉬르리얼리즘에 가까운 작품들의 창작에 남다른 면모를 보일 듯하여 당선작으로 선발했다.

『오늘의문학』 - 1996년 봄호 통권 35호 1996. 3. 1.

유재정 수필 심사평

삶의 철학, 그 해답 풀기

유재정의 수필은 평소 강 건너 불 보듯 도외시했던 일들이 '나의 일'이 되어버렸다는 자각에서 출발했다.

「새로 맞이하는 상전」은 대학입시를 앞둔 부모의 입장에서 잔잔하게 토로한 작품이다. 뛰어난 언어 구사나 구성의 독특함이 보이지는 않지만, 가끔 보여주는 진실성, 구체성이 약간의 단점을 보완하고 있다. 사실 진실보다 감동을 주는 것은 없다. 또한 유머와 위트도 수필의 주요소인데 <밭에는 귀한 인삼, 산에는 산삼, 바다에는 해삼, 집에는 고삼>이 있다는 인용이 풍자적이다.

「연하장」은 정년퇴직한 교장 선생님의 바른 생활 태도와 커다란 사건 · 사고를 대비시켜 읽는 이를 하여금 교장 선생님의 겸손함, 근면함, 올바름 등의 덕목이 애타게 그리운 시대이다. 그러한 시대정신을 개인적 감성으로 빚어낸 수필이다.

수필은 삶의 모습을 있는 그대로 보여주는 글이다. 그럼에도 불구하고 미적 표현 · 독자적 구성에 더 큰 관심을 기대한다.

『오늘의문학』 - 1996년 봄호 통권 35호 1996. 3. 1.

윤명옥 시 심사평

언어로 빚은 기시(旣視)의 환각(幻覺)

시를 감상하다 보면 천차만별임을 다시금 깨닫게 된다. 좋은 시, 감동을 주는 시, 훌륭한 시도 양상이 모두 다르다. 읽으면서 첫눈에 반해 홍얼거려지는 시도 있고, 수묵처럼 번져서 마음에 그림을 그려주는 시도 있고, 한 번 더 읽어 그 맛을 되새김질하게 하는 작품도 있다.

윤명옥의 시는 첫눈에 시원스레 읽혔다. 마음속에 이미지를 만들어주었고, 다시 읽어도 또 다른 맛이 돌아 좋았다.

수평선 멀리 띄워 보내려던 추억
다시 싸서 호주머니에 집어넣고
무의식의 저편에서 헤엄치던 풍경 한자락
어렴풋한 꿈의 그물로 고이 건져 올렸다.
오로지 내게만 의미가 되는 한 장의 기억
파도리 돌 목걸이로 환생시켜 목에 걸고
그가 내뿜는 알록달록한 바닷물 한껏 들이마시며
나도 파도처럼 헐떡이며 집에 왔다.

좋은 시를 빚을 것 같은 예감, 윤명옥의 시는 그런 예감을 주는 작품이다. 문학 창작의 길은 끝이 없으니, 길을 나서 스스로 목적지를 찾으라는 당부를 덧붙인다.

『오늘의문학』 - 1996년 봄호 통권 35호 1996. 3. 1.

연상을 통한 내면 표현 좋다

이무성의 단편소설 「노을 내린다」는 임신중절 수술 후의 남자 측 내면을 작품화했다. 현재 상황에 따른 과거 회상의 융합이 자연스럽다. 그러나 생명에 대한 존엄성이 드러나지 않은 것으로 보아 현대인의 생명 경시 풍조를 이 작품에서 방증하여 보여주는 것도 같다.

병원 수술실 밖에서 기다리는 상황의 과거 회상은 두 사람의 만남을 묘사와 서술을 통해 제시하고 있다. 또한 열차를 타고 가는 상황에서는 아이의 죽음과 연계된 열차 사고의 처절함이 에피소드로 동원되었다. 열차 사고의 처참함에서 주인공은 고등학교 시절의 버스 안 칼부림을 연상하고 있다.

말하자면 주인공은 어린 생명의 죽음을 통해, 여러 죽음을 연계하며 내면의 심리를 무섭도록 차분하게 묘파하고 있다. 이것이 이정재의 힘이다. 이런 구성은 노벨문학상을 받은 솔제니친의 「이반 데니소비치의 하루」 구성에서도 찾아볼 수 있다. 이 소설은 이야기를 끌어가는 힘이 좋다.

다만 같이 응모한 다른 작품에서 보여주는 약점, '구성'에 대해 좀 더 진지하게 연구 정진하길 바란다. 훌륭한 소설가로 성장할 것을 믿는다.

『오늘의문학』 - 1996년 봄호 통권 35호 1996. 3. 1.

이찬녕 시 심사평

詩의 왕국 건설할 만하다

이찬녕의 시는 비상 의지와 하강 이미지가 조화롭게 빚어졌다. '비상'은 주로 '새'를 통해 확인되며, '하강'은 주로 '바위 · 돌'을 통해 발현된다.

이찬녕의 작품에서 '새'는 시인의 감정이 이입된 대상물이기 때문에, 바로 서정적 자아의 분신이다. 〈한참을 강아지풀에 숨어/ 몸단장도 하고 교양 책장도 뒤적이며/ 애틋한 그리움〉을 간직한 새 한 마리는 〈할아버지 기억을 더듬듯/ 풀 한 줌 쥐고 일어서서 하늘 본다/ 새가 되었으면 하는, 나〉가 되는 것이다.

또한 침잠과 하강의 이미지로 되어 있는 돌이나 바위도 시인의 감정이 이입된 대상이다. 〈강물에 발을 담근다/ 물밑에서 우르르 구르는 강돌/ 스쳐 지나갔다. 정강이를, 들병이처럼/ 와락 달려〉 드는 돌이 그러하며, 〈덩그런 바위는/ 하오의 햇살에 조을다 깨어나〉는 자신과 동일 선상에 서는 것이다.

자연을 바라보며, 자연과 접합되어 몰아지경에 이른 시인의 경지, 이는 범속을 벗어난 시적 경지다. 더욱 갈고닦아 대성하길 바란다.

『오늘의문학』 - 1996년 봄호 통권 35호 1996. 3. 1.

정성수 시 심사평

의고적 심상과 현대적 심상의 조화

정성수의 시는 두 갈래 커다란 흐름을 보여주고 있다. 한자가 많이 나타나는 시는 의고적 · 불교적 심상이 주류를 이루고 있으며, 현실과 관련된 시는 애틋한 서정이 무르녹아 있다.

「청암사 단상」은 천년 고찰에서 〈영혼의 몸짓〉을 찾아내는 시적 에스프리를 보여주고 있으며, 「산사에서」는 서경과 서정이 조화를 이루고 있다. 또한 「동상 고동시」는 향토의 서경과 함께 시인의 서정이 적절하게 조화를 이루고 있다.

「장미를 심으며」는 타계한 시인의 어머니에 대한 추억과 사랑이 애틋하다. 〈늦은 여름 어느 날/ 붉은 장미 한 송이 피어나/ 어머니 모습 꽃잎에 묻어나면/ 조석으로/ 어머니를 가슴에 담겠습니다〉에서 보여주는 시인의 내면에는 장미꽃과 어머니가 오버랩 되어 있는 상태이다.

시에 대한 성실한 자세가 작품 속에서 느껴진다. 한마디 훈수를 가한다면, 시대의 흐름에 맞추라는 것, 각주구검의 우를 벗어나야 한다는 것이다. 한자 사용의 빈도를 줄일 일이다.

『오늘의문학』 - 1996년 봄호 통권 35호 1996. 3. 1.

독특한 제재, 개성적 표현

백용덕의 수필「길들이기」는 개성 있는 글이다. 시화전의 시를 감상하고, 나름대로의 문학관을 펼친 다음, 독자로서 시인에게 시를 되돌려주고 있는 내용이다. 시인이 독자를 길들인다는 것에 대해 그는 당황해한다. 그래서 다음과 같은 주장을 펴고 있다.

시인은 창작에 전념할 일이지, 독자를 길들이는 것이 능사는 아니다. 좋은 작품, 인구에 회자하는 작품, 불후의 명작을 창작해 보라. 어느 누가 읽지 않겠는가. 시인은 독자를 생각하는 것도 좋지만 우선 좋은 작품을 빚었으면 좋겠다. 우리의 문학이 한결 발전하도록 최선을 다했으면 좋겠다.

그러면서 시인의 시와 똑같은 형태의 시로 바꾸어 되돌리고 있다. 시인은「독자 놈들 길들이기」를 발표했는데, 그는「시인 · 작가 길들이기」를 말미에 기록하고 있다. 독특한 내용을 개성 있게 표현하여 당선작으로 뽑았다.

『오늘의문학』 - 1996년 여름호 통권 36호 1996. 6. 1.

사실적인 내면세계 표현

서경옥의 단편「어둔 밤」은 성서에서 소재를 구해온 것으로 예수가 죽임을 당한 후 그의 제자인 시몬의 내면세계를 작품화한 글이다. 이런 종교를 소재로 한 소설은 독자가 이미 알고 있는 내용이어서 처음부터 흥미를 반감시킬 우려가 있을 뿐 아니라 자칫하면 종교적인 측면으로만 흐르기 쉬운 약점을 가지고 있다.

그러나 이 소설은 그런 제약과 약점을 극복하고 유다와 예수의 인간적인 관계와 시몬의 눈에 비친 그들과의 갈등을 리얼하게 잘 표현하고 있다.

또한 이런 소설이 범하기 쉬운 신비주의에 빠지지 않고 인간이 가지는 갈등과 고민을 신적인 입장이 아닌 인간적인 면에서 접근하려 한 노력을 높이 사고 싶다. 그럼에도 불구하고 이 소설이 좀 미진(?)한 느낌이 드는 것은 내용이 너무 잘 알려진 것이어서 라기보다는 구성적인 면 때문이라는 생각이 든다. 좀 더 많은 습작을 통해 연구 정진한다면 좋은 작가로 성장할 수 있으리라 믿는다.

『오늘의문학』- 1996년 여름호 통권 36호 1996. 6. 1.

서형석 소설 심사평

사실적 묘사 돋보여

서형석의 단편 「불혹의 꿈」은 불혹을 맞은 한 남자의 인생 역정을 사실적으로 작품화했다. 현재의 어두운 상황으로 시작해 과거로의 회상과 다시 현재를 넘나드는 상황 설정이 자연스럽다. 하나의 외적 상황과 대비해 가며 과거 속을 넘나드는 작법은 자칫 혼란스럽거나 매너리즘에 빠지기 쉬운데 작가는 그 벽을 교묘히 넘나들며 무리 없이 작품을 이끌어가고 있다.

현대 소설은 흔히 비극의 불감증에 걸렸다는 말을 많이 한다. 그것은 현대 소설이 내용면에서 그만큼 비극적 내용이 많다는 말일 것이다. 희극보다는 비극이 독자에게 더 어필해서인지는 모르지만 너무 비극으로만 치닫는 것은 바람직하지 못한 현상이다. 그런 면에서 볼 때 이 소설은 일단 긍정적으로 평가하고 싶다. 처음의 비극적 암시와 그것을 향해 치닫던 내용이 비극을 희극으로, 좌절을 희망으로 결말을 맺고 있는 것은 어쩌면 현대 소설의 내용적인 벽을 탈피하고 싶은 작가의 욕망일는지도 모른다.

다만 소설의 내용이 너무 자전적(?)이며 언어의 선택에 약간의 무리가 있어 보인다. 꾸준히 정진해서 좋은 작가로 성장하길 바란다.

『오늘의문학』 - 1996년 여름호 통권 36호 1996. 6. 1.

아름다운 영혼이 보였다

신성섭의 시 「잃어버린 세월 속에서」 외 4편을 읽고 아름다운 영혼이 빚어내는 독자적 소우주를 보았다. 언어적 기교가 뛰어난 것은 아니지만, 순수한 내면을 빚어내는 솜씨가 감동을 주기에 부족함이 없다.

「잃어버린 세월 속에서」는 등산길에서 자신의 삶을 조감하는 내용이다. 산의 봄 · 여름 · 가을이 인생의 유년 · 청년 · 장년으로 비유되어 현재의 심리상태를 잘 보여주고 있다. 「그대는 고귀한 별」은 시내를 비유적으로 표현하고 있으며, 「머레인 공원에서」는 이국의 아름다운 풍광을 인간에 비유하고 있는데, 모두 아름다운 시심을 투영하고 있다. 「추정 엘레지」는 과거 유년의 추억을 서정성 짙게 보여주고 있으며, 「일몰이 부활을 잉태하기까지」는 단순한 사물에 현란할 정도의 언어적 감각을 보여주어 시인의 자질을 유감없이 발휘하고 있다.

삶의 철학이 녹아있는 시, 아름다운 영혼을 훌륭하게 빚어낼 듯한 예감으로 당선시켰다.

『오늘의문학』 - 1996년 여름호 통권 36호 1996. 6. 1.

오종권 시 심사평

삶의 진정성 돋보여

오종권의 시 5편은 모두 삶의 진정성에 바탕을 두고 있다. 이러한 토대 위에 자신의 내면이 싹을 틔우고 꽃을 피워 가편(佳篇)을 이루고 있다.

「어머니」는 시인의 진실한 내면이 승화된 작품으로 그 향기가 짙다. 누구나 쉽게 찾는 제재를 시인만의 언어로, 독자적 형상화가 이루어져 있다. 「大生」은 출근길의 풍경에서 자아의 확인이 이루어지는데, 자학적 심리상태가 여실하게 드러나 있다. 「이를 빼고」에서는 〈살아날 수 없는 사라짐 따라/ 사라지는 살아남〉이라는 역설을 통해 삶의 단면을 조명하고 있다. 「새살이 움돋을 때」는 관능과 심리가 조화롭게 융합되어 있고, 「22층에 살며」는 삶의 과정이 진솔하게 그려져 있다. 그러면서도 〈외줄 타며/ 장대로 별을 따는/ 외로운 곡예사가 된다〉에서 보여주는 바, 시적 긴장을 유지하고 있다.

시의 구조적 묘미를 알고 시를 창작할 것으로 확신하며 정진을 빈다.

『오늘의문학』 - 1996년 여름호 통권 36호 1996. 6. 1.

단시조의 묘미 터득

유상철은 시조의 정통인 단시조를 사랑하는 사람 같다. 11편을 응모했는데, 단시조에서 맛볼 수 있는 긴장감이 도사리고 있다.

삼장 육구 속에 시인의 온 우주를 각인한다는 것이 얼마나 어려운 일인가? 그래서 현대시조 시인들은 연시조와 사설시조, 또는 변격 시조를 통해 표현의 제약을 벗어나려 한다. 그럼에도 불구하고 유상철이 견지하고 있는 단시조 창작은 시조의 정통성을 지키려는 의도로 보인다. 단형에 다기 다양한 시심을 투영하다 보면 시적 감칠맛이 부족할 듯도 싶다. 그러나 응모한 작품들은 이러한 기우를 말끔히 씻어내고 있다. 일차적 서술과 묘사, 이차적 비유와 상징을 적절하게 배합하여 시조의 묘미를 형상화하고 있기 때문이다.

단시조의 멋과 맛을 지키면서, 제재에 따라 다양한 형태의 창작 시도를 권한다.

『오늘의문학』 - 1996년 여름호 통권 36호 1996. 6. 1.

이윤배 수필 심사평

서정과 철학의 조화

이윤배의 수필은 서정과 철학이 교묘할 정도로 접점을 이루고 있다. 생활 속의 에피소드를 통해 삶의 원숙미를 보여주고 있다.

서두의 <한바탕 회오리바람이 스치며 지나가자 산등성이의 잔설이 무질서한 데모 군중처럼 아우성을 친다>라는 묘사는 독자들로 하여금 글을 읽도록 하는 마력이 있다. 그러면서 <긴긴 기다림 속에 꿈을 털고 일어난 봄은 오자마자 숨 가쁜 턱걸이를 한다>에서 보여주는 표현의 신선함도 돋보인다.

또한 제재 중의 하나인 청춘 시절의 사랑을 추억하고, 그 추억의 아픔을 통해 삶의 자세를 가다듬고 있다. <니체의 신도, 사르트르의 중심을 상실한 실존도 황천길 막차를 타고 기나긴 폭풍은 끝날 것이다>라는 결말 부분에서 삶의 원숙미가 드러나는 것이다.

그런 가운데 서정을 잃지 않은 점, 이것이 이윤배 수필의 수필다움이다.

『오늘의문학』 - 1996년 여름호 통권 36호 1996. 6. 1.

내면의 형상화가 빛난다

최윤진의 시는 언어가 살아 있다. 내면의 표출을 구체적 언어로 생동감 있게 형상화하고 있어 앞날이 기대된다.

「추억에게 보내는 마지막 편지」 연작시들은 시어가 호수의 윤슬과도 같다. 비 온 날의 풀잎에 맺힌 이슬, 그 싱그러움이 전편에 흐르고 있다. 〈눈빛 속 흔들리던 민들레 꽃씨들마저 꼬리 없이 눈물 속으로 멀어져 가고 우리가 쌓아온 날들이 바람의 옷깃을 들추며 떠나갈 때> 라든가, <저물어가는 달빛 차가운 입술 따라 우리 이름이 떠나가던 겨울밤〉 등이 그러하다. 또한 <가장 아름다운 사람에게서 버려졌을 때/ 우리 빛들의 고향/ 아침으로 가는 기차를 타자>에서 보여주는 심리적 건강함, 그리고 <추억아, 이 개새끼야, 잘난 체 앞날 망치지 말고/ 이제 너도 그만 팍 죽어>에서 보여주는 독설적 토로, 이러한 양면성이 시인의 기질을 가늠하게 한다.

그러면서도 작은 노파심으로 시의 행 · 연에 따른 형식미에 대해 깊이 있는 천착을 주문한다.

『오늘의문학』 - 1996년 여름호 통권 36호 1996. 6. 1.

비유적 표현이 뛰어나다

총 34편의 작품을 응모한 김승기의 작품은 소재의 다양성과 함께 비유적 표현이 뛰어난 작품들이다. 시적 자아와 관련된 모든 사상(事象)을 형상화할 수 있는 능력이 충분하다는 결론에 그의 다섯 작품을 당선작으로 뽑았다.

「역에서 바다까지」는 일상성의 탈피를 그려내고 있다. <도시에서 떠밀린 사람들은/ 모두 밤(夜)역으로 모여든다/ 백기가 되어 밤차에 몸을 싣고서/ 그들은 파도가 된다>는 서두 부분과 <밤차를 탄 사람은 사라져 버리고/ 긴 그림자만이 파도가 되어서/ 갈매기 울음소리에 능지처참을 당하고 있다>는 종결 부분에서 보여주는 바, 시적 형상화는 주제 전달에 시적 묘미를 더하고 있다. 나머지「창」「시장」「정거장」「와사증」도 생활 속의 내면 표출에 뛰어난 비유를 보여주고 있다. 앞으로도 이미지가 뚜렷한 작품을 창작하리라 믿으며 또한 기대한다.

『오늘의문학』 - 1996년 가을호 통권 37호 1996. 9. 1.

삶의 철학이 담긴 글

「깊이 흐르는 물은 소리 내지 않으며 무거운 바위는 흔들리지 않는다」는 말이 있다. 김희재의 수필「거슬러 흐르지 못하는 江」은 조용하면서도 묵직한 감동을 주는 글로 이에 값하는 수필이다.

시어머니의 아들에 대한 헌신적 사랑과 필자의 남편에 대한 독점의식이 빚어낸 에피소드를 중심으로 필자의 내면에 흐르는 심리적 밑그림을 자연스럽게 그려내고 있다. 그러다가 필자도 거의 성인이 되어가는 아이를 보면서 시어머니의 입장을 역지사지하게 된 것이다. 그래서 필자는 <부모가 자식을 사랑하는 것이 흐르는 강물처럼 자연스럽고 끝이 없는 것이라면, 자식이 부모를 그만큼 사랑할 수 없는 것도 거슬러 흐르지 못하는 강물처럼 자연스러운 것>이란 철학을 빚어내고 있다.

앞으로 삶의 철학이 담긴 수필, 화려하지 않으나 철학적 감동을 주는 작품을 빚어내어 수필계의 일익을 담당하리라 믿는다.

『오늘의문학』 - 1996년 가을호 통권 37호 1996. 9. 1.

박은희 시 심사평

'길'의 이미지 돋보여

시를 읽다 보면, 현란한 언어 속에서 허전함을 느끼는 경우도 있고, 잔잔한 언어 속에서 시적 감동을 맛보는 경우도 있다. 박은희의 시는 후자에 속한다. 강한 주장이 있는 것도 아니고, 언어의 현란함이 있는 것도 아니면서, 시적 묘미를 간직하고 있다.

특히 박은희는 시적 동기를 '길'에서 천착하고 있는 듯싶다. 기행시 「제주도에서」는 삶의 의미를, 「연가」에서는 만남과 헤어짐을, 「풍경」에서는 존재 가치를, 「엽서」에서는 그리움과 기다림을, 「현진에게」에서는 역사 인식을 '길'과 관련시켜 형상화하고 있다.

사실 삶의 시작과 끝이 길과 연유한 것이기에 길은 인간의 일상적 삶과 철학적 구경에까지 다양하게 연계되어 있다. 그런 시적 과제를 잔잔한 언어로 이미지화하여 형상화한 능력은 높이 살 만하다.

박은희의 시 세계가 더욱 깊어지고, 더욱 다양해질 것을 믿어 당선작으로 선발했다.

『오늘의문학』 - 1996년 가을호 통권 37호 1996. 9. 1.

수필의 본보기 글 같다

정명진이 응모한 몇 편의 작품은 모두 뛰어난 글이었다. 그중「범어동 언덕」을 당선작으로 뽑는데, 심사위원들은 주저하지 않았다.

이 작품은 주제와 소재, 구성과 표현에 있어 흠잡을 데 없는 작품이었다. '이런 글이 수필이다'라고 본보기 글을 보여주는 것 같다. 단순한 이야기를 유려하게 엮어 나간 것도 정명진의 필력을 보여주고 있다. 이 작품을 요약하면 〈아름다운 자연 속에서 살았다. 그곳이 아파트 단지로 개발되었다. 자투리땅에 결명자를 심었는데, 방범등 때문에 씨앗이 영글지 못했다〉는 내용이다. 이 작품은 내용도 내용이지만, 그 문체의 우수성이 감동을 자아내고 있다. 아름다운 동화를 읽는 듯한 느낌에 빠졌다가, 주제에 접근하여 깜짝 놀라는 형국이다.

한국 수필계에 신선한 바람을 일으킬 재목이 되리라 예단해 본다.

『오늘의문학』 - 1996년 가을호 통권 37호 1996. 9. 1.

「탈」의 의미와 다양성

15편을 응모한 정분임의 시는 놀라울 정도로 다양성을 보여주고 있다. 한 편 한 편에 독자성을 부여하고자 하는 의도적 창작으로까지 보였다.

「탈」은 서민의 애환이 담긴 탈춤의 일부를 뽑아 서럽고 그리운 심사를 의성어와 함께 보여주고 있다. 「동냥의 공식」은 세상을 역설적으로 비판하고 있으며, 「목격자」는 현대적 인간관계를 구체적 사건으로 제시하고 있다. 「이사 집을 찾아」는 서민이 살아갈 주택을 찾는 과정을 시로 구체화한 것인데 청춘 남녀의 선보는 과정으로 의인화하였고, 「한여름 밤의 악몽」은 더위와의 일전을 관능적으로 형상화하였다. 특히 <끈끈한 손길로/ 내 몸을 건드리고/ 잠옷을 벗겨 짓누른다> 등의 표현은 색다른 시적 긴장을 배태하고 있다.

다양성의 추구, 앞으로도 정분임은 쉼 없이 시지프스의 되풀이를 계속할 것 같다. 그러기에 선자는 다양성 속의 깊이 있는 천착을 주문하며, 당선으로 선발한다.

『오늘의문학』 - 1996년 가을호 통권 37호 1996. 9. 1.

겨레 시의 정수를 기대

시조는 시이면서 시조다운 멋스러움을 수반해야 한다. 또한 여기에 현대적 감수성과 개성을 담고 있다면 금상첨화인 것이다.

최봉돌의 작품은 이러한 기대에 부응할 것 같다는 신뢰를 주고 있다. 「정화수」의 <별 길고 달 따서/ 손끝에 모아두면/ 어머니/ 보살행 별이 듣고 달이 알아/ 삼라가/ 다 숙연하게/ 우리집에 모인다>는 형상화는 값진 것에 틀림없다.

다른 작품에서도 시적 긴장감과 시조다운 멋을 보여주고 있다. <새벽 별 하나둘 어디론가 잠이 들고/ 풀벌레 울음소리/ 이슬로 스미는데/ 빛 부신 하늘을 향해/ 신앙으로 서 있다>는 들국화의 오상고절을 노래함에 부족함이 없다.

앞으로도 작품의 탄력성과 개성 있는 목소리로 겨레 시의 발전과 중흥을 위해 일로 매진하기를 주문하며 당선시킨다.

『오늘의문학』 - 1996년 가을호 통권 37호 1996. 9. 1.

허구와 현실감과 사실성의 조화

최종복 씨의 소설「어머니의 땅」은 허구적인 이야기가 아니라 바로 우리 주변의 이야기요, 우리 자신의 삶의 이야기다. 자식을 객지로 내보내고 홀로 고향을 지키는 어머니가 안쓰러워 어머니를 모셔오지만 결국은 그것이 어머니의 삶이 아닌 주인공의 삶이었다는 것을 뒤늦게 깨달은 주인공이 다시 어머니를 고향에 모신다는 평범한 줄거리의 단편이다.

이 소설은 생생한 현실감과 가슴을 울리는 진한 감동을 주고 있다. 그것은 작가가 소설이 비록 허구이지만 그 허구 속에는 어떤 사실보다 더한 진실이 들어 있어야 한다는 아주 평범한 원리를 잘 인식하고 있기 때문일 것이며 그러기에 허구와 현실감과 사실성을 잘 조화시킬 수 있었을 것이다. 꾸준히 정진하여 좋은 작가로 성장하길 빈다.

『오늘의문학』- 1996년 가을호 통권 37호 1996. 9. 1.

김은숙 시 심사평

사고와 감각의 회화성이 뛰어나다

김은숙의 시는 선명한 이미지 구축이 돋보인다. 시를 구성하는 요소 중 중요한 것의 하나가 회화성이다. 회화성은 시인의 사고와 감각으로 이미지를 구축하는데 이것은 바로 작가의 정신으로 투영된다.

「쑥꽃의 전설」에서 '어머니 눈물 같은 쑥꽃 뜯는 누이야'가 다음 연에서 '고운 쑥잎처럼 부끄러워'로 치환되면서 부정적인 이미지를 긍정적인 이미지로 바꾸는 과정에서 전개되는 언어들은 사고와 감각이 뛰어난 것들이었다.

이미지의 선명함과 이미지에서 이미지로 옮기는 이질감 없는 속도감이 꾸준한 습작으로 나타난 결과로 보여 불안한 염려를 해소시켜 준다.

『오늘의문학』 - 1996년 겨울호 통권 38호 1996. 12. 1.

시조의 멋을 찾아냈다

변우식은 시조의 맛과 멋을 찾아낼 줄 아는 사람이다. 구조와 표현에 있어 남다른 개성이 돋보인다.

「윤회의 밤」에서 보여주는 〈무심결 기운 달빛에/ 가슴 떠는 산마루길〉이라든가, 「둥지」의 〈허무의 바람들 가득/ 채찍같이 춤을 추네〉 등은 시조 연찬의 기간이 꽤 숙성했음을 입증하기에 부족함이 없다. 또한 서정성이 짙은 「그리움」의 〈細雨처럼 젖어 드는/ 옥양목 네 마음〉이라든가 굳은 의지를 보여주는 「가을 山情」의 〈서릿발로 무너져도/ 칼바위 깊은 염원〉 등이 시인의 기질을 확인하고 있다.

한번 읽히고 마는 시가 아니라, 다시 읽고 싶은 시 창작에 전념할 것을 당부하며 당선시킨다.

『오늘의문학』 - 1996년 겨울호 통권 38호 1996. 12. 1.

신영호 수필 심사평

밝은 마음을 높이 샀다

신영호는 세 편의 수필을 보내왔다. 거의 고른 수준이고 내용이 밝아 평소 긍정적인 인생관을 보여주고 있다.

「부부의 대화」는 현대 부부들에게 이렇게 살아야 한다는 의미의 명심보감과도 같다. 부부 윤리가 무너지고 있다는 이야기도 이 수필을 읽으면 먼 나라의 이야기로 들리게 된다. 그러면서도 지루하지 않게 표현한 것은 오로지 작가의 능력이다.

함께 응모한 「건강한 발」도 생활 속의 작은 이야기지만 의미 있는 형상화를 보여주고, 「영원한 스승」은 제자와의 만남에서 얻은 행복감을 구체화한 것이다.

모든 작품이 긍정적이어서 좋다. 현대인의 무거운 마음에 청량제가 될 수필 창작에 힘써 주길 바라며 뽑는다.

『오늘의문학』 - 1996년 겨울호 통권 38호 1996. 12. 1.

오영란 시 심사평

인간적 온기로 다가온 자기 성찰

오영란의 시는 주변적인 것에 시선을 주면서 삶의 질곡을 자신으로 환치시키고 있다. 그래서 그의 시들은 쉽게 접근되면서 따뜻한 정으로 다가와 연민을 불러일으킨다.

「여름의 끝에서」의 〈아직도 씻어내지 못한/ 물빛 그리움/ 가슴속 깊은 설움 한 덩이/ 곡비(哭婢)의 슬픔을 어이할 거나〉 같은 부분은 맑으면서도 곡진한 감동을 주고 있다.

이 점이 그의 매력이다. 응모한 작품 전편이 이럴진대 앞으로 진실한 내면의 자기 승화가 더욱 확대되리라 본다.

그러나 사물을 보는 시각은 존재 안의 심연에서, 보다 다양하면서 치밀한 감수성이 동반될 때, 시의 즉물성에서 벗어날 수 있으리라 믿으며 앞으로의 정진을 기대한다.

『오늘의문학』 - 1996년 겨울호 통권 38호 1996. 12. 1.

이광녕 수필 심사평

자족(自足)의 정신이 빛난다

이광녕은 「얼굴 타령」「바보론」「색깔 있는 버섯은 독버섯」 세 편을 응모했다. 현실적 현상과 내재적 의미가 융합된 좋은 수필을 빚고 있다.

「얼굴 타령」은 여학생과의 농담에서 실마리를 찾아 미추(美醜)의 기준과 자족의 심상을 제시하고 있다. 작은 에피소드에서 철학적 구경(究竟)을 찾아 매듭짓는 솜씨가 뛰어나다. 「바보론」은 어리석음(大愚)이 바로 성스러움(大聖)이었음을 말하면서 어리석은 듯 순진하고 청순한 삶에 가치를 부여하고 있으며, 「색깔 있는 버섯은 독버섯」에서는 주견 없는 사람에 대한 비판의식이 예리하다.

이광녕의 수필을 당선시키면서, 그의 주장인 〈눈에 보이는 속된 것보다 보이지 않는 진실을 찾을 줄 알아야 한다〉처럼 진정한 수필가를 찾았다고 자족(自足)해 본다.

『오늘의문학』 - 1996년 겨울호 통권 38호 1996. 12. 1.

「단비도 축복한 비익조」의 날개

최복주는 「단비도 축복한 비익조」 외에 5편의 수필을 응모했다. 모두 가편(佳篇)들이었다. 특히 현실에서 과거 여행을 접목시킨 「리버워크」는 좋은 수필이었다.

당선 작품에서 최복주는 동생을 사랑하는 마음을 한껏 표현하고 있다. 특히 아버지가 계시지 않은 결혼식에서 동생의 행복을 비는 마음은 남다른 감동을 배태하고 있다. 특히 비익조(比翼鳥)와 연리지(連理枝)를 동원하여 축원하는 모습이 눈물겨우면서도 행복함을 들게 한다.

바로 이것이다. 갈등과 부조화를 일신하고 나설 때, 행복은 스스로 찾을 수 있는 것이다. 최복주의 날개, 수필을 빚는 솜씨라는 날개에 당선이라는 또 다른 날개를 보태주기로 했다. 문학의 창공에 훨훨 날아오르기를 기대하며.

『오늘의문학』 - 1996년 겨울호 통권 38호 1996. 12. 1.

사실감 돋보여

풍연숙 씨의 소설 「처음 같은 재회」는 자신을 버리고 집을 나간 어머니와의 관계를 과거와 현재를 넘나들며 사실감 있게 표현한 작품이다. 주인공의 어린 시절에서부터 다시 어머니를 찾기까지의 고생과 내면의 갈등을 꾸밈없이 사실적으로 표현했다는 점에서 높이 살 만하다.

그러나 문학은 예술적이어야 한다든지 작품성이 높아야 된다든지 하는 것을 지나치게 의식하게 되면 자칫 난해한 글이 되기 쉽고 독자로부터 멀어지게 된다. 독자 없는 문학이 어디에 존재할 수 있겠는가. 더구나 소설은 재미가 있어야 하는 장르이기에 독자와는 더욱 떨어질 수 없는 것이다. 따라서 지나친 기교나 이해하기 힘든 구성은 가급적 피하는 것이 좋다고 생각된다.

많은 습작을 통하여 꾸준히 노력한 산물로 보여, 좋은 작가로 성장할 수 있으리라 본다. 앞으로 좋은 작품을 기대하며 더욱 정진하기를 당부한다.

『오늘의문학』 - 1996년 겨울호 통권 38호 1996. 12. 1.

시어를 조탁하는 능숙한 솜씨

김동일은 충청북도 잠종장에 근무하고 있는 공무원 신분이다. 그가 지금까지 하루 한시도 시조를 놓지 않고 연연해 오기를 어언 10여 년, 이제 그만했으면 무슨 사회적인 절차도 필요 없이 시집을 엮어낼 법도 하건만 굳이 등단 절차를 밟는다고 응모하여 선발하게 되었다.

그의 시조는 상상력이 뛰어나고 응축하는 솜씨가 탁월하다. 「실크로드의 모험」은 이미 때 묻고 낡아버린 언어의 쓰레기통 속에서 상상을 통하여 종교적 심장에로까지 비약하고 있고, 「갈증」은 시어를 조탁하는 능숙한 솜씨, 곧 시조의 단수가 어떠해야 하는지를 안다. 또한 「겨울 산을 오르며」, 「산길을 걸으며」는 매 연마다 신선한 서정을 발하고 있으며 장과 장의 연결이 자연스럽고, 시조의 생명이라 할 수 있는 종장 처리가 매우 훌륭하다. 「달동네」는 그러한 심상의 전개가 소박한 서정 주의로 끝나지 않고 우리의 삶과 맞닿아 있어 이 또한 높이 산다.

시인에게는 만기제대니, 정년퇴임이니 하는 말이 없다. 일취월장할 것으로 믿는다.

『오늘의문학』 - 1997년 봄호 통권 39호 1997. 3. 1.

김선미 시조 심사평

현대 시조의 가락

시조의 발생과 함께 시조는 향유층에 따른 결과로 음풍농월이라는 특성을 갖고 있었다. 그러나 현대에 와서 시조의 가락은 민족의 정서를 담아내는 고유한 장르로 남아 있고, 그로 말미암아 민족의 정체성을 획득하기 위한 문학 매체로서 자리매김 되고 있다.

김선미의 시조 작품은 대체로 쉽다. 본인은 힘들이고 공들여서 창작하였겠지만, 내용의 전개가 평이하여 부담감을 주지 않는다. 그러면서도 연상 작용에 의한 시적 감칠맛을 주고 있다. 「고향 메뚜기」는 도심에서 우연히 만난 메뚜기를 보면서 향수를 되새기고 있다. 「강화도에서」는 역사적 현장에서 포성과 상흔을 통한 민족적 한(恨)을 반추하고 있다. 「여고 그 시절 속으로」 역시 과거의 아름다웠던 추억을 형상화하고 있다. 또한 「만리장성 그 길은」과 「아리랑에 젖어서」도 거의 같은 맥락이다. 사물을 통해 과거의 추억이 연상되고 그 연상에 의해 한 편 한 편의 시를 빚어내고 있다.

또한 시조의 가락이 현대시의 흐름과 같아서 율격의 파괴도 보인다. 앞으로 시조의 고유한 가락을 지키면서, 한편으로 새로운 가락을 창조하는 시조시인으로 대성하길 바란다.

『오늘의문학』 - 1997년 봄호 통권 39호 1997. 3. 1.

문용덕 시 심사평

민족 분단의 아픔이 절절하다

문용덕의 「산을 오르고 나서」 외 4편을 신인상 작품으로 뽑는다. 예심에서 올라온 10편의 작품을 보니 대부분 시의 기교에만 치중한 설익은 작품들이었다. 그러나 문용덕의 시는 시인이라면 응당 지니고 있어야 할 역사의식, 그중에서도 우리 민족 분단에 대한 담담한 통찰이 담겨 있었다.

「민들레의 소원」에서는 그림 밖에서 민들레를 바라보며 북녘 고향에 돌아가지 못하는 한을 노래하다가, 드디어 「판문점에서」 시적 자아 자신이 작품 속에 들어가서 철조망 너머의 농부를 망원경으로 관찰하면서 늘 이산일 수밖에 없는 우리 민족 공통의 아픔을 형상화하고 있다. 드디어 교하(交河)처럼 민족이 하나로 합해질 통일을 염원하면서 시가 단지 음악이나 회화의 전유물이 아님을 이 시들은 말해 주고 있다.

시에 대한 애정을 버리지 않고 계속 정진한다면 좋은 시인이 될 수 있으리라 확신한다.

『오늘의문학』 - 1997년 봄호 통권 39호 1997. 3. 1.

자연에 대한 사랑, 부드러운 운율

성민희의 시를 읽으면 담담히 흘러가는 물처럼 어디 하나 막히는 데 없는 운율과 만나게 된다. 자연에 대한 사랑이 풍부한 상상력으로 용해되어 부드러운 리듬의 옷 속에 잘 갈무리되어 있다.

대부분 20행 이상의 시를 쓰면서 커다란 파탄 없이 잘 이끌어 나가는 모습에서 탄탄한 시작 능력을 엿볼 수 있고 그래서 더욱 믿음이 간다.

오늘의 신인상 선정에 만족하지 말고 끊임없는 자기 계발을 통해 후세에 길이 남는 시인으로 성장하길 바란다.

『오늘의문학』 - 1997년 봄호 통권 39호 1997. 3. 1.

이동봉 수필 심사평

삶을 조명하는 예지가 있다

수필은 무형식이라고 하지만 일관된 흐름이 있고, 수필가 나름대로의 창작 패턴이 있다. 혹자는 에피소드에 의한 서사적 구조를 주로 차용하고 있고, 혹자는 자신의 사상과 철학을 글 속에 담담하게 조명하기도 하고, 또한 혹자는 자신의 주장을 강렬하게 주장하고 있기도 하다.

이동봉이 응모한 수필 5편을 읽고 어느 하나의 카테고리에 묶이지 않고 삶을 관조하고 있구나 하는 느낌이 들었다. 이미 다른 지면에서 상을 받은 작품을 제하고 읽다가 「인생은 들꽃처럼」이라는 수필을 당선작으로 뽑았다. 서사적 구조는 없지만, 인생을 담담하게 조명하고 있는 자세가 믿음직스럽다. 또한 보일 듯 말 듯 한 '그'의 정체를 통하여 순수한 삶을 제시하고 있기도 하다. 특히 '우리는 다시 복원되어 작은 보람에 두근거리고 남을 위해 눈물 흘릴 줄 아는 사람이 될 수 있을는지'에서 보여주는 생각이 건전하다.

그의 수필대로 '인간의 향내를 그대로 지닌 사람'이 되어 그는 순수하게 살면서, 아름답고 순수한 수필을 멋지게 창작할 것 같다.

『오늘의문학』 - 1997년 봄호 통권 39호 1997. 3. 1.

따스한 인정, 인간미 넘치는 수필

이순례의 수필을 읽으면 물질문명이 팽배하면서 야기되는 현대의 여러 문제들이 녹아내린다. 개인주의에 따른 사회 병폐도 치유될 것만 같다. 그런 믿음이 가는 수필이다.

남을 위한 봉사와 사랑은 영원히 마르지 않는 인간적 지향이라고 볼 때, 이순례의 수필은 더욱 값이 있다. 수필은 진실의 반영일 때 감동을 준다. 아름다운 수필보다는 사상과 글과 행실이 일치되는 글, 삼위일체를 갖춘 글이 독자들의 심금을 울릴 수 있는 것이다. 이순례의 수필 「미역국」은 병원장의 신분으로서 과거의 환자에 대한 따스한 인정이 들어 있다. 이 글에서 그는 가난하고 어려운 환자에게 손수 끓인 미역국을 대접하고 있다. 말로는 쉬운 일 같지만, 실천한다는 것은 그야말로 힘든 일이다. 그러면서도 잊고 더 대접하지 못한 자신을 자책하는 아름다운 마음씨를 보이고 있다. 알아서 챙기지 못한 스스로의 불찰을 반성하는 모습에서 진정한 사랑을 느끼게 한다.

특히 서사적 구조에 서정적 구조인 시를 곁들여 형상화한 것은 금상첨화라고 하겠다. 진실한 사랑을 담은 의술과 진실이 담긴 수필 예술이 만나서 현대인들에게 생수와 같은 감동을 주길 기대한다.

『오늘의문학』 - 1997년 봄호 통권 39호 1997. 3. 1.

모성의 처연한 형상화

이번에 장혜숙의 소설 「죽은 날벌레를 위하여」를 내보낸다. 말을 못 하는 장애인 자녀를 키우고 있는 외로운 엄마의 '간병 보고서'가 이야기 줄거리인 작품이다.

소설로서 너무 생경한 인상을 주는 지루한 작품이라는 느낌이 들지 않는 바 아니나 장애아 자녀를 치유하고자 시지푸스 신화의 바위 굴리기 같은 치료 실패를 무한정 되풀이하면서 도로(徒勞)의 끈질긴 제자리걸음인 듯한 생존 역정을 근직하게 밀고 가는 모성의 처연한 모습을 리포트를 써나가는 것처럼 형상화해 놓았다.

젊은 날의 회상 장면에서는 눈이 번쩍 띄게 하는 대목도 몇 차례 돋보인다. 소설은 사실 그런 장면의 연속 묘사 선상에 있는 것이라고 본다. 정진을 빈다.

『오늘의문학』 - 1997년 봄호 통권 39호 1997. 3. 1.

김기양 시 심사평

언어의 감각이 뛰어나다

상식적인 명제이지만 시는 언어의 미적 구조체이다. 따라서 시는 언어적 감각이 뛰어나야 폭넓은 공감대를 형성할 수 있다. 시인이 시어의 조탁에 남다른 집착을 보이는 소이연이기도 하다.

김기양의 시는 언어적 감각성이 뛰어나다. 전체적으로 일관된 흐름을 유지하면서, 또한 부분적으로 반짝이는 시어의 선택을 통하여 서정시의 미적 구조를 유감없이 보여주고 있다.

'그 낭만의 물살에/ 검은 머리 감아 빗으면/ 가슴에 고이는 아주까리 빛 하늘/ 하늘에서 울려오는 종달새 울음소리' '마른 꽃 대궁/ 한 줄의 시를 쓰듯이/ 추동 리 길 가을은/ 그렇게 깊어만 간다' '불꽃이 타오르는 달빛 아래/ 석류 터지는 소리로 울던 밤' 등에서 보여주는 그의 감각성은 놀랄 만큼 섬세하다.

앞으로 시어의 조탁에 더욱 각고 정진하여, 일부 이미지 연결의 단절을 극복하면, 독자적 시 세계를 구축하리라 믿어 당선시킨다.

『오늘의문학』 - 1997년 여름호 통권 40호 1997. 6. 1.

여운을 남기는 간결미

주지하다시피 시는 감정의 홍수를 절제하고 정제하여 빚어내는 결정체이다. 하고 싶은 말을 직설적으로 모두 토하는 유형이 있으나, 재독하고 싶은 의욕은 반감되게 마련이다. 그러나 많은 이야기와 넘치는 감정을 삭이고 걸러서 간명하게 표현하면, 그 행간에 생략된 시 정신을 음미하느라 재독하고 싶은 의욕을 불러일으키게 마련이다.

남요섭의 시편들은 박목월의 「불국사」, 「청노루」에서 보여주는 간결성과 긴축미를 갖고 있다. 시인의 서정을 짧은 언어로 표현하여, 이미지의 제시를 주로 하는 긴축미는 생략의 멋스러움 · 압축의 멋스러움 · 여백의 멋스러움을 동반하여, 동양화 한 폭의 기법과도 유사하다.

이러한 작품을 주로 창작하는 시인들의 약점은 풍부한 언어의 구사력이 부족하다는 것이다. 그러나 남요섭은 「자화상」에서 넘치는 언어의 가락도 보여주어 이런 염려는 한낱 기우에 불과하다는 점을 입증하고 있다. 이제 시인으로 나서도록 했으니, 주관에 따른 시 창작에 전념하길 바란다.

『오늘의문학』 - 1997년 여름호 통권 40호 1997. 6. 1.

이은무 시 심사평

한국적 서정의 본보기

한국인이 한국적인 사상, 한국적인 멋에 집착하는 것은 너무나 당연한 일이다. 그렇지만 현대화의 과정에서 수많은 우리 것을 잃었기에, 그 상실감 속에서 우리 것을 찾고자 노력하는 모습은 아름답다.

현실에서 확인할 때 이는 명징한 결과를 도출한다. 거리에 나서도 한복을 발견하기가 어렵고, 가옥을 보더라도 모두 서양 주거 형태이며, 식생활도 거의 마찬가지다. 이때 우리 것을 노래하는 것은 시인의 책무일 수도 있다.

이은무의 시는 이에 값하는 작품이다. 그러면서도 시적 긴장을 늦추지 않고 있으며, 언어적 감각도 갖추고 있다. 할아버지 산소에 사초를 하면서 '허물투성이 내 치부에 떼를 입혀 단장했다.'는 형상화는 그 표현의 일단을 보여주는 것이다. 또한 '오월이 오면/ 호드기 울음소리 떼 지어 목을 놓던/ 영혼 멈춰 서던 마을' '외할머니 설움으로 반죽된 뜨락에/ 떠돌이 내 영혼 멈춰 서던 마을' 등에서 보여주는 시어의 연결이 매끄럽다. 한국적인 서정을 되살리는 작업에 박수를 보낸다.

『오늘의문학』 - 1997년 여름호 통권 40호 1997. 6. 1.

전병조 시 심사평

내면의 거울에 비친 현실

시인은 자신이 처한 현실을 나름대로의 프리즘을 통해 변환시켜 작품화한다. 프리즘에 의한 굴절 현상을 감안한다고 하더라도 작품 속에는 삶의 윤곽이 남게 마련이다.

전병조의 시에는 도시 빈민의 애환이나 어촌의 궁핍이 시 속에 용해되어 나타나는데, 시인의 프리즘에 의해 새로운 생명력을 잉태하고 있다. 특히 삶의 투영에 동원된 시어의 구사력은 범상하지 않은 자질을 반영하고 있다.

'슬픈 눈들이 살아가는 삼학동 말랭이 피난민 촌에는/ 검푸른 등 비늘 반짝이는 바닷속 삶들이 모여 산다' '물결 소리 한층 부풀은 저녁/ 바닷가 바위 틈새의 물풀이/ 몸살을 앓는다' '꽃뱀의 꼬리보다도 길게 뻗은 낮은 능선을 타고/물비늘 반짝이며 붉은 단풍이 흐른다' 등은 그의 내면을 형상화한 것에 다름 아니다.

삶의 본질, 시적 진실을 빚어내는 시인이 되어, 타고난 시적 자질을 빛내기 바란다.

『오늘의문학』 - 1997년 여름호 통권 40호 1997. 6. 1.

최일화(최충식) 수필 심사평

일상의 미적 형상화

수필의 제재는 대체로 일상적 범주 내에 존재하기 때문에 진실성이 중요하다. 그러나 한 편의 수필이 일상성을 뛰어넘을 때 예술로서의 수필이 성립한다. 수필이 예술로 승화되지 못할 때, 그 글은 단순한 기록에 불과한 것이다.

최일화가 응모한 두 편 모두 단숨에 읽게 하는 마력이 있다. 반짝이는 언어의 불빛을 찾아낼 수 있다. 어찌 보면 사변적이라는 약점이 노정될 수도 있으나 전체적인 구조 속에서 완결된 작품으로 독특한 감흥을 주고 있다.

「내 마음의 시계」는 구체적 사례(에피소드)를 통해 내면의 그림을 개성적인 글로 빚어내고 있다. 또한 생활 속의 일상사에 부여한 그의 따뜻한 시각은 문학예술로서의 생명력을 감지하게 한다.

재미있는 수필, 재독하면서 새로운 감동을 주는 수필의 창작에 전념하길 바란다.

『오늘의문학』 - 1997년 여름호 통권 40호 1997. 6. 1.

최준규 동시 심사평

동시의 생명은 순수성

동시는 시적 완성도와 함께 동심의 투영이라는 이중적 난제를 해결해야 한다. 또한 주 독자인 어린이의 일반적 수준에 맞추어야 하느냐, 독자와는 관계없이 문학성을 추구해야 하느냐, 나름대로 선택해야 한다. 아니면 두 마리의 토끼를 모두 쫓아야 한다.

최준규의 동시는 순수한 동심을 바탕으로 하여 시적 성취를 지향하고 있는 듯하다. '돌 하나를 주워 나이테를 켜면 청동빛 옷을 입은 아라비아 병정들이 속 세상 문 앞에 인형처럼 버티고 서 있습니다' '우리들은 해를 가져와 투명 반구 위에 자꾸만 해를 올려놓았습니다.' '한두 철/ 명태는/ 반딧불을 먹고/ 바람에 씻겨/ 북어가 된다' 등에서 찾아볼 수 있다. 또한 「을숙도에는 철새가 없다」에서 보여주는 치밀한 관찰력과 형상화, 「폭포수를 멀리 두고」에서 보여주는 작품 전체에서 감지되는 은유와 상징이 그러하다.

최준규의 시선은 순수하고 건강하다. 앞으로도 신선한 동시 창작에 전념할 것 같다. 한국 아동문학의 새로운 지평을 열 것만 같다. 그런 기대감으로 당선시킨다.

『오늘의문학』 - 1997년 여름호 통권 40호 1997. 6. 1.

한없이 투명한 심상 돋보여

최진영 씨의 소설「소원 하나」는 꿈을 통해 진리를 찾으려는 나약한 주인공을 형상화시킨 작품이다.

이야기의 발단은 주인공이 섬기는 왕이 주인공에게 소원을 묻는 것으로부터 시작되는데 그 질문으로 인해 주인공이 갈등을 겪게 되고 그 갈등을 통해 나약한 인간이 지닐 수 있는 것은 진리라는 것 밖에는 아무것도 없다는 것을 꿈과 현실을 오가며 환상적인 기법으로 자아를 무리 없이 소화해 낸 작품이라 하겠다.

다만 소설의 특성으로 볼 수 있는 필연성이라든지 주인공이 갈등을 겪어야만 하는 당위성 그리고 갈등의 원인 등이 잘 표현되지 못한 것이 좀 아쉽다. 그러나 이 작품으로 보아 작가는 이런 점을 충분히 극복할 능력이 있는 것으로 보아 당선작으로 뽑는다.

꾸준한 습작을 통해 좋은 작가로 성장하기를 바라며 더욱 탁월한 작품을 기대해 본다.

『오늘의문학』 - 1997년 여름호 통권 40호 1997. 6. 1.

김승호 시조 심사평

살아 있는 고유의 예술정신

시조는 우리 민족 고유의 가락을 뽑아내는 일이다. 시적인 완성도에 시조 나름의 특수성을 조합하여, 한 편의 시조에 완성된 소우주를 담아내야 하기 때문에 참으로 힘든 일이다.

이러한 창작 작업에 몰두하는 시인들은 귀하다. 예술성이 뛰어난 시조를 감상할 때 얻는 희열은 더욱 크다. 시조는 과거의 유산이 아니고 현대에 살아 숨 쉬고 있는 문학 장르이다.

김승호의 시조는 문학적 감수성과 현대시조의 흐름에 부합하고 있다. 시조의 정형성과 현대 시가 갖고 있는 이미지, 감각적 형상화가 조화롭다. 앞으로 한국 시조의 발전에 일익을 담당할 일꾼으로 보여 선발한다. 각고 정진하여 대성하길 빈다.

『오늘의문학』 - 1997년 가을호 통권 41호 1997. 9. 1.

함축성과 이미지

하나의 상황을 형상화하는 데는 하나의 시어만이 필요하다. 그런 면에서 볼 때 김영수의 시는 언어를 찾아 쓰는 능력이 탁월하다.

「화해」, 「감」, 「아내의 외출」, 「산에서 쓴 편지」 등의 시를 보면, 일상적 소재를 함축적 시어로 맛깔나게 형상화하고 있다. 평범한 듯 써 내려가는 시행 속에서 그의 시어들은 요소요소에서 반짝반짝 빛을 발한다.

「감」에서는 흡사 모더니즘 시를 보고 있는 듯한 화려한 이미지를 접할 수 있는데 '함축성'과 '이미지' 이것이 바로 김영수 시의 강점이라 하겠다.

『오늘의문학』 - 1997년 가을호 통권 41호 1997. 9. 1.

이상 세계에 대한 그리움

박찬승의 시를 읽으면 이상향에 대한 그리움이 나타나 있다. 그의 시 속에 나오는 '동막골'은 현대인의 정신 속에 아련한 그리움으로 살아 있는 이상향이다.

'저수지 뚝방길을 돌아/ 저리도록 찬 눈이 밤을 채우는/ 골짝 끝에 외로이 밤빛 몇이/ 밤하늘에 오르는 그곳/ 비 온 뒤 호수 물가/ 풀 안개 눈 틔우는 언덕 아래/ 가재 한 마리 산조약돌 디디며 골 오르는 곳' 그곳이 바로 박찬승 시인의 이상향이다.

무리 없는 서술적 이미지와 날카로운 시적 감수성의 결합, 소재를 좀 더 폭넓게 선택하고 계속 노력하여 역사에 길이 남을 훌륭한 시인으로 성장하길 기대해 본다.

『오늘의문학』 - 1997년 가을호 통권 41호 1997. 9. 1.

인간의 본질을 찾으려는 몸부림

안동권 씨의 소설 「부활」은 한 신학도가 선배의 눈을 통해서 인간의 허상과 실상 그리고 사회의 모순을 풍자한 작품이다.

작가는 이 소설에서 인간의 본성과 사회의 구조적 모순 사이에서 결국 적응하지 못하고 떠나는 선배를 통해 가치관의 확립을 꾀하려 하고 있다.

잔잔한 문체와 무리 없는 전개가 작가의 능력을 돋보이게 한다. 다만 전개상 좀 지루한 느낌을 주는 것은 줄거리 자체의 문체보다는 단편적인 면을 너무 부각시킨 데에 있지 않나 하는 생각이 든다.

앞으로 더 좋은 작품이 나올 것을 기대하며 계속 정진해 나가길 당부한다.

『오늘의문학』 - 1997년 가을호 통권 41호 1997. 9. 1.

감성과 지성의 하모니

온형근의 시는 전원과 고향의 향기를 풍기는 감성이 뛰어난 시이면서도 지성이 적절한 조화를 이루고 있다.

「밭둑으로 봄이 왔어요」, 「모심기의 아침」 등은 1930년대 전원시에서 흔히 볼 수 있는 우리 고향의 모습을 그리고 있으면서도 정감적 분위기 외에 지적 에스프리를 엿볼 수 있는 시이다.

어조가 부드러운 듯하면서도 힘이 있고 시적 형상화 능력도 탄탄하다. 끊임없이 시에 애정을 갖고 인생의 동반자로 삼기를 부탁해 본다.

『오늘의문학』 - 1997년 가을호 통권 41호 1997. 9. 1.

생활의 희로애락이 용해

수필은 허구적 진실이 아니라 실재적 진실을 보여준다는 특성이 있다. 따라서 자신의 실체가 거울에 드러나듯이 투영되어 조심스러운 면도 갖고 있다. 생활 속의 실재와 개인적 사상·감정, 또한 예술적 경지로의 승화가 수필의 요체라고 할 수 있다.

이응진의 수필은 생활 속에서 찾는 희로애락을 차분하게 서술하고 있다. 기발한 부분은 보이지 않지만, 일상인의 출퇴근 모습과 그 애환, 그리고 남달리 성실하고자 하는 자세가 잘 용해되어 있다.

앞으로 구조적 완결미와 예술적 표현에 더욱 정진하여 빛나는 수필을 창작해 달라는 당부와 함께 당선시킨다.

『오늘의문학』 - 1997년 가을호 통권 41호 1997. 9. 1.

현대인의 정신세계 해부

희곡 창작은 삶의 단면을 무대에 올리기 위한 전단계 작업이다. 물론 문학작품으로만 존재하는 레제드라마도 있지만, 연극으로 올려지는 것이 희곡의 완성이라고 할 수 있다.

현대인은 누구나 부분적으로 정신병자(?)라고 한다. 천재나 바보는 말할 것도 없고, 일반적으로 정상인이라 불리는 다수의 인물도 특정한 부분에서는 정신적 결여 부분이 있다는 것이다.

특히 현대 과학 · 물질문명의 팽배로 인해 인간의 왜소성이 문제로 대두되고 있다. 인간성의 탐구, 그것이 현대 우리의 몫인가 싶다. 탁승훈의 희곡 「우리는 오늘 정신과로 간다」는 이런 전제에 부합하는 작품이다. 삶의 진실한 모습을 무대에 올릴 수 있고, 또한 갈채 받을 희곡작가로 대성하길 바란다.

『오늘의문학』 - 1997년 가을호 통권 41호 1997. 9. 1.

동심의 표현력이 뛰어나다

동화는 어린이를 위한 소설(Story for children)이다. 따라서 동화 창작은 소설이 갖고 있는 여러 요소를 충족시키면서 동시에 동심을 담아야 한다는 이중적 어려움을 갖고 있다.

세간에는 시를 쉽게 쓰면 동시요, 소설을 쉽게 쓰면 동화라고 말하지만, 이러한 발상은 위험을 내포하고 있다. 동시와 동화의 본령이 따로 있기 때문이다.

금영철의 동화는 생활이 어렵지만 용기를 잃지 않고 살아가는 '용희'라는 어린이에 대한 이야기다. 스스로의 작은 목표를 이루어가는 과정이 눈물겹다. 또한 친절에 대한 남다른 평가가 새롭다. 그렇지만 교훈성이 겉으로 드러나지 않도록 배려하는 섬세함이 돋보이는 작품이다.

『오늘의문학』 - 1997년 겨울호 통권 42호 1997. 12. 1.

김경인 시 심사평

비유로 찾아낸 시적 묘미

김경인은 이미 무용 분야에서 일가를 이룬 것으로 알고 있다. 자신의 내면을 몸짓으로 승화하던 중 나머지 다른 내면을 시로 채우고자 시도한 듯하다. 무용의 아름다움만큼이나 시적 성취도 놀라운 경지다.

김경인의 시는 비유적 발상이 돋보인다. 「강가에서」는 갈대와 여인을 오버랩 시키고 있는데, 갈대에 대한 서정을 보여주고 있다. 그렇지만 그 이면에는 여성적 끈기 · 아름다움 · 희생이 중심축을 이루고 있다. 또한 「그네」에서 그네를 타는 것도 사실은 생활의 모습을 비유적으로 표현한 것이다.

시는 비유와 상징에 의해 생명을 얻는다고 한다. 그런 의미에서 김경인의 시는 난해하지 않으면서도 시적 긴장을 유지하는 묘법을 터득하고 있다. 당부하는 바는 시가 언어의 미적 구조라는 자각을 잊지 말라는 것이다.

『오늘의문학』 - 1997년 겨울호 통권 42호 1997. 12. 1.

교육자의 현실 조감

김용원의 「개팔자」는 사회의 단면을 통하여 현실을 조감하는 수필이다. 특히 '개'와 관련된 에피소드를 두 가지 선정하여 삶에 대한 진지한 자세를 일깨우고 있다.

'그 부인의 껌 씹는 소리와 짙은 화장은 가슴에 안은 개와 이상하게 잘 어울린다는 생각이 들기도 했다.' '개와 함께 목욕탕에서 목욕하는 세상이 되고 말았으니 참 오래 살고 볼 일이다.' 등과 같은 표현에서 글쓴이의 시각을 뚜렷하게 찾을 수 있다.

구성의 완결성과 교육자로서의 자세가 조화되어 한 편의 수필이 직조되었다. 현실적 삶을 조감하는 좋은 수필창작에 더욱 각고하여 정진하길 바란다.

『오늘의문학』 - 1997년 겨울호 통권 42호 1997. 12. 1.

순수한 시심이 아름답다

'고요도 잠시/ 건듯 지나는 바람의 흔들림이/
머문 듯 흐르는 세월 속에 번진다.'
'비에서 돌아올/ 한 줄기 연으로/ 천년을 산다'
'이제는/ 먼 설화로/ 돌 틈 속에 머문 이끼가 되었다'

안복수의 시는 잔잔한 미소 같으면서도 녹음에 부서지는 햇살 같은 느낌이다. 또한 사물을 관조하는 통찰력이 불교적 무상감과 직조되어 운치 있는 작품을 빚어내고 있다.

꾸밈없이 순수한 시심을 높이 평가했다. 앞으로도 이러한 시심을 잃지 않고 정진하는 아름다움을 간직하기를 빌며 선(選)한다.

『오늘의문학』 - 1997년 겨울호 통권 42호 1997. 12. 1.

여미영 시 심사평

삶에 대한 명상

삶을 바라보는 시각은 각자의 사상과 감정, 그리고 살아온 환경에 따라 천차만별이다. 그런 삶을 빚어낸 시에는 각자의 개성이 응축되어 나타난다.

여미영의 작품은 현실 속의 절망에서 거듭나고자 하는 의지와 서정을 보여주고 있다. '난 그것이/ 누에가 희고 고운 실을 뽑아내듯/ 아름다운 빛깔인 줄 알았다/ 찬란하고 고운 날개로 되돌아올 줄 알았다/ (중략)/ 지옥과도 같은 암흑/ 끊기 힘든 쇠사슬이었다'에서 확인할 수 있다. 그러면서도 그는 '미소를 가진 사람이/ 가끔 내 푸른/ 대문 앞을 서성이길 바랬다'와 같이 희망을 잃지 않는 시인이다.

이제 괴로움의 한고비를 넘겼다. 그러나 시의 길은 수많은 고비가 있음을 알고 각고 연마하기 바란다.

『오늘의문학』 - 1997년 겨울호 통권 42호 1997. 12. 1.

천부적 자질을 갖춘 듯

시인을 언어의 연금술사라고 한다. 이러한 연금술은 ① 시인 기질을 타고난 경우 ② 후천적으로 연찬한 경우 ③ 천성적 기질에 연찬이 융합된 경우 등에 따라 문학성이 좌우된다.

이광석은 천성적으로 시적 기질을 타고난 사람으로 보인다. 일상적인 언어를 통하여 시의 감칠맛을 낼 줄 안다. 물론 후천적인 연찬에 힘입은 결과로 볼 수도 있으나, 타고난 감수성에 기인한 듯하다.

표현의 멋에 상응하는 주제가 살아난다면 진정한 대시인이 될 듯하다. 일생을 두고 천착할 주제의 확립을 요구하며 당선시킨다.

『오늘의문학』 - 1997년 겨울호 통권 42호 1997. 12. 1.

실화와 같은 느낌을 주는 생동감

이종욱 씨의 소설 「메아리」는 한 시내버스 기사가 사고를 내고 그 과실이 자신의 잘못이 아니라는 과정을 입증해 가며 거기에서 부딪치는 자신과의 갈등, 사회와의 갈등을 표현한 작품이다.

작가는 이 소설에서 사회의 어떤 모순을 파헤치기보다는 사회와 자신과 그리고 그와 연관되는 아버지의 목소리를 통해 비록 가진 것은 없지만 정직하게 살아가려는 한 작은 인간의 소망과 그것을 지키려는 올곧은 생명력을 보여주고 있다.

교도소 안의 생활이나 재판 과정 등의 표현은 실화 못지않은 생동감을 주고 있다. 다만 표현하려는 주제와의 연계에 좀 더 신경을 썼으면 하는 아쉬움이 남는다.

앞으로 더 좋은 작품을 기대하며 계속 정진해 나가길 당부한다.

『오늘의문학』 - 1997년 겨울호 통권 42호 1997. 12. 1.

최창배 수필 심사평

인정미 넘치는 아름다운 추억담

중수필이 사상과 철학, 그리고 교훈성까지 내포하는 것이라면, 경수필은 일상의 반영에 충실하게 마련이다. 최창배의 수필은 우연한 만남에서 과거를 회상하고 있는데, 그 표현이 뛰어나고 개성적이다.

특히 여러 에피소드들이 인간미 넘치는 것들이어서 읽는 사람으로 하여금 편안한 마음과 잔잔한 미소를 불러일으키는 작품이다. 글이 지은이의 내면을 반영한다고 할 때, 최창배 씨가 견지하고 있는 삶의 자세를 확인할 수 있다.

물질문명이 팽배하고 있는 현대에 필요한 글이라고 보아 당선시켰다. 훈훈한 인정, 아름다운 표현으로 용해된 멋진 작품 창작에 전념하기 바란다.

『오늘의문학』 - 1997년 겨울호 통권 42호 1997. 12. 1.

관능적 감각성이 뛰어나다

현대시의 특성 중 하나가 '낯설게 하기'이다. 이는 시가 갖고 있는 운명적 일단이기도 하다. 이미 이루어져 있는 '기성품'과는 무엇인가 다른 '신제품'을 내놓으려는 예술가적 기질이 승화한 것이기 때문이다.

김동준의 시는 현대적 기법 중의 하나인 관능적 표현을 개성화하고 있다. 어떤 사물을 대하면서 그 사물의 속성을 관능적으로 표현하고자 한다. 관능이 관능 자체일 때는 대부분 혐오감을 갖게 마련이다. 그러나 관능을 여타의 기법을 동원하여 표현한다든지, 아니면 사물을 관능적으로 표현할 때, 시는 새로운 생명력을 가질 수 있다.

김동준은「목련」「첫눈」「송이」「밤꽃」등의 사물을 관능적으로 인식하고, 독특한 형상화로 '낯설게 하기'에 성공하고 있다. 당선시키면서 바라는 바는, 개성을 살리면서 여타의 미적 성취에도 눈을 돌려, 폭넓은 서정성을 획득하라는 주문을 덧붙인다.

『오늘의문학』- 1998년 봄호 통권 43호 1998. 3. 1.

김병화 수필 심사평

인생의 새로운 시작

「人生七十古來稀」라는 말이 설득력을 갖고 있었을 때는 60대가 노년에 해당되었겠지만, 현대는 60대가 삶의 새로운 시작이라고 한다. 이는 신체적으로나 정신적으로 입증되고 있다는 분석도 나오고 있다.

김병화의 수필「앞선 이」는 60이 넘어서 현대 물질문명의 필수품이라고 하는 컴퓨터를 익히면서 파생된 삽화와 그에 대한 그의 내면을 진솔하게 그려내고 있다. 컴퓨터에 대한 낯섦, 연령차의 극복 등을 통해 개인적 성취감을 진술하고 있는데, 이 글을 통해 많은 독자들에게 자신감을 불어넣으리라고 확신한다.

삶의 진실, 성취를 통한 감동에 박수를 보내며, 스스로의 내면에 반영된 수필 창작에 전념해 줄 것을 당부한다.

『오늘의문학』- 1998년 봄호 통권 43호 1998. 3. 1.

김용성 수필 심사평

순수한 영혼을 위하여

바슐라르는 〈정화되고 정화된 불꽃은 문인의 눈을 통해서, 그리고 혼을 통해서 두 번 비춘다〉라고 『촛불의 美學』에서 밝힌 바 있다. 영혼을 통하여 비춘다는 것은 내면의 프리즘적 반영을 말하는 것에 다름 아니다.

김용성의 수필 「산동네」는 길지 않은 수필이다. 그러나 그가 견지하고 있는 '눈'의 투명성과 '영혼'의 순수성을 천착할 수 있어 감동적이다. 사람마다 지향하는 바, 삶의 방향은 모두 다르다. 그러나 마음이 〈더 가난해지고, 더 낮아지기 위해서〉 혹은 종교적 경건성에까지 접근하는 것은 쉽지 않은 일이다.

〈플라스틱 빈 통에 누군가 정성스레 가꾸어 놓은 몇 포기 열무며 고추들이 싱싱하고 넉넉해〉 보이는 그의 진솔한 내면에 박수를 보낸다.

시인으로서 수필 창작에도 한 발을 내디디었으니, 쉼 없이 연찬하여, 문학의 불꽃을 '눈'과 '영혼'을 통하여 신선하게 비추기를 바란다.

『오늘의문학』 - 1998년 봄호 통권 43호 1998. 3. 1.

김종남 시 심사평

존재의식의 서정적 형상화

시인의 의식은 '존재의 집'에서 눈을 뜨게 마련이다. 의식의 다양함 속에서 나름대로의 일관된 표출로 시인의 위치가 확인되는 것이다.

김종남의 시는 바로 존재에 대한 자각, 그 자각으로 인한 내면의 울림, 그 울림을 서정적 언어로 '시의 집'을 짓고 있다. 그가 짓고 있는 시의 집은 강물과 관련된 서정이 주조를 이룬다. 〈잔잔한 마음의 강물 위로/ 달빛 그림자는 젖어내리고〉 〈파도처럼 밀려오는/ 너를 향한 진실〉 등에서 보여주는 시적 에스프리가 그러하다. 그러면서 그는 사랑에 대하여, 그리움에 대하여, 추억에 대하여, 그리고 삶에 대한 끝없는 반추 속에서 개성적인 서정을 빚어놓고 있다.

이제 시인의 길에 나섰으니, 나름대로의 진실이 담긴 시, 감동을 주는 시를 창작하여 '존재의 집'에 대한 의미를 천착하길 바란다.

『오늘의문학』 - 1998년 봄호 통권 43호 1998. 3. 1.

이경아 수필 심사평

현대인의 내면적 성찰

이경아의 수필은 다음과 같은 물음에서 출발하고 있다. 〈살아 숨쉬는 생명의 소리가 가져다주는 흥분, 그리고 쾌감이 선사하는 '완벽한 자유'에의 느낌은 그 자유가 그만큼 소중하기 때문이리라. 또 소중한 만큼 무섭기 때문이리라. 그러나 그 자유로움이 얼마나 많은 아름다운 것들을 창조하는 터전이 되어 왔는가〉

또한 이경아는 물질로서의 컴퓨터에서 살아 있는 생명의 언어를 건질 줄 아는 독특한 개성의 소유자이다. 그는 컴퓨터에서 바다를 꿈꾸고 〈작은 모래 알갱이의 빛을 보고 새들과 파도의 언어〉를 듣기도 한다. 그리하여 그는 〈보다 그윽하고 향기 나는 빛〉을 소망한다. 그 빛은 〈고독을 덜어주는 반가움, 고통을 덜어주는 생명〉으로 귀착하고 있다. 그런 연유로 〈생명의 푸른빛으로 환원되며 터지는, 소금기 있는 사랑의 향기〉를 간직하고 있다. 그러기에 이경아는 스스로 생명의 근원인 바다가 되고자 한다.

현대인의 내면, 물질문명 속에서 서정의 촉촉함을 간직하고자 하는 소망이 담긴 아름다운 수필이다.

『오늘의문학』 - 1998년 봄호 통권 43호 1998. 3. 1.

삶의 의미를 찾으려는 현대인의 방황

이혜령 씨의 「오늘, 다른 버스를 타다.」는 주인공이 어린 시절의 삶에서 안으로만 웅크리던 자신을 탈피하는 과정을 그린 다분히 심리적인 소설이다.

작가는 이 소설에서 삶의 의미를 찾으려는 현대인의 방황을 잔잔한 문체와 사실적인 묘사를 통해 구체적으로 표현하고 있다. 이렇다 할 큰 사건도 없고 주목받을 만한 소재도 아닌데 이 소설이 독자의 흥미를 끄는 것은 작가의 사건 전개 능력과 사실적이고 구체적인 묘사 때문이 아닌가 생각된다.

앞으로 더 좋은 작품이 나올 것을 기대하며 아픔을 통해 훌륭한 작가로 성장하길 빈다.

『오늘의문학』 - 1998년 봄호 통권 43호 1998. 3. 1.

조중연 소설 심사평

현대인의 무기력과 삶에 대한 갈등

조중연 씨의 「새의 영혼」은 '폐쇄 공포증에 대한 짧은 보고서'라는 부제가 붙은 소설로서 한 대학생이 학업을 포기하고 일상을 방황하면서 겪은 일들을 큐비즘의 기법을 빌려 현대인의 무기력함과 거기에서 오는 갈등을 표현한 작품이다.

작가는 이 소설에서 우연히 만난 한 여인과의 여행을 통해 현대의 사회적 모순을 고발하고 있으며 한편으론 어디에서나 자유로울 수 없는 인간의 한계를 통해 삶의 의미를 꾀하려 하고 있다.

평범한 문제이지만 독자를 끌어들이는 진지함과 흥미를 이끌어내는 전개가 작가의 능력을 돋보이게 한다. 꾸준한 노력을 통해 훌륭한 작가로 성장하길 빈다.

『오늘의문학』 - 1998년 봄호 통권 43호 1998. 3. 1.

최재학 시 심사평

추억이 빚은 시적 성취

최재학의 시는 추억의 면면을 통하여 망각되어 가는 서정을 환기시키는 힘이 있다. 또한 현대의 삶에 대한 역설적 인식이 현대인의 생활에 경종을 울리고 있다.

「간이역을 지나며」「마른 봄판의 보리피리」「위문 공연」은 추억에서 소재를 찾고 있다. 「간이역을 지나며」에서는 <만남과 이별이 거듭되는/ 역사의 운명>을 추억으로 반추하면서 <열차처럼 지나쳐야 하는 삶>을 적시하고 있다. 「마른 봄판의 보리피리」는 유년 시절의 삽화를 통하여 가난했지만 지순했던 시절을 되새겨 망각되어 가는 서정을 환기시키고 있다. 「위문 공연」은 어리석었던 유년 시절을 반어적 기법으로 자조하는 시정신을 보여주고 있다. 또한 「세상 사는 법」과 「건강식품에 대하여」 두 편은 산문체의 진술로 역설적 비판 정신을 보여주는 작품이다.

추억이 추억으로 끝나지 않는 작품, 추억 속에서 새로움을 찾는 작품, 그러면서 개성을 통해 공감대를 형성하는 작품 창작에 가일층 노력할 것을 주문하며 당선시킨다.

『오늘의문학』 - 1998년 봄호 통권 43호 1998. 3. 1.

감정을 다스리는 솜씨

인간은 누구나 남다른 감정을 갖게 되거나, 혹은 주체할 수 없는 감정의 홍수에 빠지게 마련이다. 그렇다고 그 감정을 직설적으로 표출하는 것이 문학이나 예술은 아니다. 절절한 희로애락의 감정을 삭이고 다듬어서 작품으로 승화시켜야 하는 것이다.

김종우의 시는 육친에 대한 절절한 감정을 내면의 체로 맑게 걸러내고 있다. 부친의 죽음, 가족들의 오열, 그로 인한 어머니의 애상, 이러한 감정을 다스려 작품으로 승화시키고 있다. 이러한 솜씨는 시인 스스로 터득한 삶의 진실이며 동시에 문학적 자질이다.

이러한 문학적 자질을 더욱 절차탁마하여, 한국 시단에 빛나는 시혼을 펼치길 빈다.

『오늘의문학』 - 1998년 여름호 통권 44호 1998. 6. 1.

김태복 시조 심사평

절절한 민족의 질곡 읊어

김태복은 경북 상주를 고향으로 둔 재중(在中) 동포로 시조를 창작하고 있다. 또한 그는 길림성 서란시 조선족 제일중학교 교원으로 있으면서 한국과 관련한 현실적 난제를 절절하게 노래하고 있다.

「반도 한」에 4편, 「한국 열병」에 5편으로 모두 9편의 작품을 보냈는데 민족의 현실에 대한 비판적 시각을 보여주고 있다. 특히 〈오가는/ 정마저 없어/ 혈이 막혀 저린 몸〉 〈겨레의/ 처녀애들이/ 눅거리로 팔립니다〉 〈떠나는 뱃고동 소리에/ 발해만은 끓어 끓어〉 〈가난이 찌든 고향에/ 어머님이/ 계시고〉 〈박산된/ 코리안 드림 꿈/ 잘근잘근 씹는다〉 〈아물지 않은 상처에다/ 칼을 대는/ 저 소리〉 〈이젠 더/ 돌이킬 수 없나/ 절명의 나락이여〉 등이 그러하다.

민족의 통일이 되는 날까지는, 그리고 통일이 되어 모두 함께 모여 행복하게 살 때까지는, 민족에 대한 이런 비판과 사랑이 필요하다. 김태복의 올곧은 시정신에 박수를 보낸다.

『오늘의문학』 - 1998년 여름호 통권 44호 1998. 6. 1.

인간성 회복의 수필

현대는 과학의 발달과 물질문명의 팽배로 인해 인간성이 파괴되어 간다고 한다. 특히 IMF를 몰고 온 요즘의 경제 한파는 가정의 붕괴와 가족 간의 유대마저 끊어놓는 사례가 비일비재하다고 한다. 이러한 현상은 누구나 우려하고 있다.

이런 시대에 필요한 것은 순수한 인간성이다. 다정다감한 인간미를 보이는 일이다. 얻는 것보다 베풀고자 하는 사랑이요, 그 사랑에 고마움을 느끼는 보은의 마음가짐이다.

김혜경의 여러 편 수필에서 보여주는 것은 바로 황폐해져 가는 인간성 회복을 염원하는 내용들이었다. 「추억 속의 사탕」 역시 할머니의 사랑에 대한 반추에서 시작되어 그 사랑에 대한 보은의 심리로 끝맺고 있다. 수필은 내용도 내용이지만 누에고치 실 풀리듯 자연스럽게 풀어가야 한다. 김혜경의 수필은 그에 값하는데 부족함이 없다. 삶의 향기, 인생의 멋이 무르녹아 있는 수필 창작을 기대한다.

『오늘의문학』 - 1998년 여름호 통권 44호 1998. 6. 1.

삶의 부조화 잘 그렸다

현대인의 삶, 그중에서도 소외된 사람들의 삶의 양상에 대해 근원적인 물음과 대답, 그것이 바로 박용기가 찾고 있는 문학적 명제로 보인다. 겉에 드러난 인간관계와 내면에 반영된 그림자의 실체를 찾기 위해 노력하고 있는 것으로 보인다.

박용기의 「삶은 콩이 보이는 풍경」은 현대 사회의 부조화에 대해 개성적인 형상화를 보이고 있다. 특히 달리의 그림 '삶은 콩이 있는 부드러운 구조 : 내란의 예감'에서 상징적으로 제시하고 있는 인간 정신의 황량함을 작품으로 승화시키고 있다. 자전적 소설로도 보이는 이 작품은 관찰자적 입장과 주체적 입장의 묘한 줄타기를 하면서 현대 소설의 제 요소를 충족시키고 있다.

말하자면 그는 이야기꾼으로서의 소설가적 자질을 유감없이 발휘하고 있다는 것이다. 좋은 소설가를 찾은 기쁜 마음으로 당선시킨다.

『오늘의문학』 - 1998년 여름호 통권 44호 1998. 6. 1.

내면의 형상화가 뛰어나다

훌륭한 시인은 태생적 자질에 연유하는가, 아니면 끊임없는 연찬에 의하여 자리하는가? 손병일의 시를 읽으면서 다시금 곱씹게 하는 의문이다.

손병일의 시는 내면의 형상화가 뛰어나다. 물 흐르듯 자연스러운 표현 속에 의식의 단면이 선명한 이미지로 남아 있는 작품을 보여주고 있다. 이것은 타고난 자질에 남다른 연찬을 거쳐서 형성된 본보기라 할 수 있다. 신인에게 있어 '칭찬은 독'이라는 말이 있지만 칭찬하고 싶은 시인이다. 크고 멋진 날개를 펼치는 대붕이 되리라는 믿음이다.

손병일 시인에게 부탁하는 바, 앞으로 자만하지 말고, 또한 언어의 범람을 경계하며, 더욱 연찬할 것을 주문한다.

『오늘의문학』 - 1998년 여름호 통권 44호 1998. 6. 1.

이도영 시 심사평

선정(禪定)의 시적 경지

잔잔한 서정으로 빚어내는 시는 독자들을 안온하게 하는 힘이 있다. 깨달음으로 빚어내는 시는 독자들마저 자각의 숲으로 인도하는 힘이 있다.

이도영의 시가 바로 그런 힘을 갖고 있다. 〈애써 가부좌를 틀며 부산스럽지 않아도/ 그저 가만히 바라보고만 있어도/ 마음은 깊어져 가는 뿌리를 따라/ 하염없이 가라앉고/ 영혼은 또 알알이 빛나는 잎사귀처럼/ 푸르게 살아난다〉에서 보여주는 것은 바로 선정(禪定)의 경지에 다름 아니다. 이런 경지는 수많은 절망과 갈등을 거쳐 이루어진 것이라 본다.

이도영의 시가 거친 세상의 밝은 불빛으로 존재하리라는 확신, 〈소명처럼 찬연히 서 있는 아름다운 희망〉이 되리라는 확신으로 당선시킨다.

『오늘의문학』 - 1998년 여름호 통권 44호 1998. 6. 1.

전통을 잇는 가락

한국인을 가장 한국인답게 하는 것은 한국인의 전통을 바르게 되살리는 일이다. 한국 시를 가장 한국 시답게 하는 것도 한국인의 시 전통을 바르게 계승하는 일이다.

시조를 창작하는 일은 형극의 길이라고 할 수 있다. 가슴에 남은 시 한 수를 창작하느라 날밤을 지새우는 시인의 고통과 민족의 가락인 시조의 전통을 살려야 하는 사명을 융합하는 것은 지난한 일이기 때문이다.

이우영(이각종)은 이런 창작의 길, 고통의 길에 이미 들어섰다. 그의 시정신이 한 편 한 편의 시조로 영글어 있다. 전통적인 가락을 지켰으면서도, 때로는 현대적 가락을 선보이기도 하면서, 단순한 언어의 리듬을 뛰어넘어 시로서의 품격을 지니고 있다. 각고면려하여 한국인의 긍지를 지키는 시조 창작의 기수가 되기를 바란다.

『오늘의문학』 - 1998년 여름호 통권 44호 1998. 6. 1.

권창순 동시 심사평

동심의 새로움

동시의 요체인 동심을 빚어내는 데는 어린이 마음과 같은 순수성, 어린이가 갖고 있는 상상력에 의한 새로움, 그러한 내면을 아름답게 빚어내는 표현력이 필요하다. 덧붙여 시로서의 예술성을 함유하고 있어야 한다.

권창순은 동심의 눈으로 세상을 바라보고 있으며, 동심의 바다에 온몸을 담그고 새로운 시상을 되살리려고 하는 시인 같다. 그러면서도 현실에 대해 예리한 비판력까지 작품으로 승화시키는 의지를 갖고 있다. 「참새야, 우리」에서 도시가 산을 먹고 큰다는 시각과 함께 아파트와 빌딩을 무지개로 지우자는 생각은 순진무구, 그 자체라고 할 것이다.

<이발소 꽃등에 숨어 있는/ 도시 무지개를 꺼내어/ 아파트를 작게 지우자/ 빌딩들을 작게 그리자>는 뛰어난 형상화로 볼 수 있다. 당선을 축하한다.

『오늘의문학』 - 1998년 가을호 통권 45호 1998. 9. 1.

서정의 섬세함 돋보여

김성숙의 시는 아름답고 섬세한 서정을 담고 있다. 특히 생활 속에서 찾은 소재에 고운 서정이 융합되어 남다른 감동을 생성하고 있다.

현대인은 과학적 사고와 함께 물신주의의 만연으로 인하여 인간성이 점차 파괴되어 가고 있다며 걱정들이다. 이러한 걱정을 한낱 기우로 돌리기 위해서는 문화 예술의 만개가 필요하다. 다시 말하면 문화 예술의 생활화가 필요하다는 것이다. 그래야 인간성이 회복될 수 있다는 것이다.

김성숙의 시는 이에 값하는 서정의 힘을 갖고 있어 믿음직스럽다. 시작은 미미하나 나중은 창대하리라는 믿음으로 매진할 것을 주문하며 당선시킨다.

『오늘의 문학』 - 1998년 가을호 통권 45호 1998. 9. 1.

교훈과 재미를 곁들여

동화를 쉽게 쓰는 소설 정도로 생각하는 사람들을 본다. 물론 동화는 어린이를 위한 소설(story for children)임에는 틀림없다. 따라서 동화 창작은 소설이 갖고 있는 여러 요소를 충족시키면서 동시에 동심을 담아야 한다는 이중적 수고를 아끼지 말아야 한다. 단순히 쉽게 쓴 소설이 아니다.

김옥경의 동화 「이상한 거울」은 세칭 영재라는 소년 한민이의 생활과 과거로부터 전래되어온 신비의 거울을 접합시켜 빚은 뛰어난 작품이다. 동화로서의 재미와 함께 수묵화처럼 번지는 교훈이 결합되어 있기 때문이다. 재미와 교훈이라는 줄타기 모험이 적절하게 배합될 때 동화의 본령은 빛나게 되어 있다.

언제나 순수한 동심을 잃지 말고 아름다운 이야기를 창작하길 바란다.

『오늘의문학』 - 1998년 가을호 통권 45호 1998. 9. 1.

이미지의 숲이 보인다

석미순의 시는 일상에서 찾은 새로운 이미지들로 짜여 있다. 작은 소재에서 감각적인 이미지를 찾아내 구조화하는 힘을 갖고 있다. 때로는 감정의 홍수 속에서도 스스로를 절제하여 작품으로 빚어내 남다른 형상력을 보여주고 있다.

시는 언어를 단순하게 조합하는 것이 아니다. 행과 연을 나누어서 형태만 갖추는 것도 아니다. 시인의 내면에서 분출되는 사상과 감정을 이미지로 변환시켜 형상화하는 언어의 예술이다.

석미순의 작품 중 <습관처럼/ 커피를 마셔도/ 목마름은 그치질 않고/ 퇴적암 지층처럼 견고한/ 그리움의 날개> 등에서 보여주는 이미지의 숲은 놀랍다.

『오늘의문학』 - 1998년 가을호 통권 45호 1998. 9. 1.

사회 단면을 해부

안희철의 희곡「새로 쓰는 신화」는 이 사회에 만연되어 있는 비리의 단면을 미래 세계를 통하여 해부하고 있다. 미래에 대한 작품이 대체로 가상 세계에 대한 것이지만, 이 작품은 현실적 허구를 보이고 있다. 특히 성의 개방과 여성의 허영 심리를 사회 비리와 연계하여 밀도 있게 형상화한 작품이다.

희곡은 문학작품으로서만 존재하는 레제드라마가 없는 것은 아니지만 연극으로 상연될 것을 전제로 하는 전단계 창작행위라는 점, 동시에 문학성을 획득해야 한다는 점, 양 측면을 충족시켜야 훌륭한 작품이다.

안희철의 작품은 양자를 충족시키면서 희곡으로서의 여러 요소를 갖추고 있다. 또한 그의 비판의식이 작품 속에서 빛을 내고 있다. 앞으로도 치열한 작가 정신을 잃지 말고 좋은 작품 창작에 심혈을 기울여 주기 바란다.

『오늘의문학』 - 1998년 가을호 통권 45호 1998. 9. 1.

달빛처럼 번지는 사랑

이완근의 수필 「가슴에 내리는 달빛」은 조카에게 장난감을 사주기 위해 장난감 가게에 들렀을 때의 이야기다. 여기서 작가는 어린 조카로부터 약속에 대한 중요성을 재인식하고 있다. 또한 조카와의 약속을 지키도록 도와준 가게 주인의 따뜻한 배려에 감사하고 있다.

바로 이런 내용이 수필을 수필답게 만드는 요체이며, 읽는 사람으로 하여금 따뜻한 인간미를 느끼게 하는 것이다. 수필은 철학을 말하지 않으면서 철학을 담고 있어야 하며, 또한 수필은 교훈을 말하지 않아도 교훈이 우러나와야 한다.

이완근의 수필은 직접 말하지 않지만 그의 내면이 오롯이 들어 있다. 앞으로도 삶의 향기가 넘치는 작품 창작을 기대하며 당선작으로 선택했다.

『오늘의문학』 - 1998년 가을호 통권 45호 1998. 9. 1.

임종숙 수필 심사평

긍정적 삶이 아름답다

중수필이 사상과 철학, 그리고 교훈성까지 내포하는 것이라면, 경수필은 일상의 반영에 충실하게 마련이다. 일상생활 속에서 포착되는 여러 사상(事象)을 나름대로의 개성적 문체로 형상화하게 마련이다.

임종숙의 「호미로 가꾸는 행복」은 농촌 생활에 대한 에피소드 세 가지를 묶은 작품이다. 생활 속의 어려움도 작품 속에 용해되어 나타나지만 중심 내용은 긍정적인 세계관이다. 〈오늘 하루도 고운 저녁노을이 지면서 보랏빛 어둠이 깔린다. 드문드문 한 줌씩 밭둑 위에 놓인 풀들을 뒤로하고 그이와 내가 호미로 가꾼 뿌듯한 행복감이 생기 있는 웃음을 마주 보내며 우리는 버릇처럼 손을 잡고 밭을 나선다〉는 부분은 이를 증명하고도 남는다.

봉숭아 꽃물을 들이던 둘째 이야기, 봄을 맞는 농촌의 여심을 수놓은 셋째 이야기, 모두 아름다운 삶이 긍정적으로 그려졌다. 좋은 수필가가 될 것으로 믿는다.

『오늘의문학』 - 1998년 가을호 통권 45호 1998. 9. 1.

자아를 찾아가는 길

고한영의 단편소설 「회색 도시의 이단자」는 사고에 의해 기억력을 상실한 환자가 서서히 회복해 가는 과정을 그리고 있다.

차츰 사람들을 알게 되고, 자신이 빈민촌 철거민의 대변자 역할을 했던 투사로서의 면모, 사랑했던 여인, 자신이 입원하게 된 동기, 컴퓨터 파일을 통한 이론적 제시 등을 찾아내게 되는 과정을 형상화하고 있다.

고한영은 특수한 상황에서 제재를 포착하여 새로운 스토리를 찾아내고 있지만, 보편적 공감대를 형성하고 있는데, 이는 작가의 역량에 기인한다. 그의 소설로 한국 현대 소설의 폭이 조금은 넓어지리라는 기대감과 한국 서사문학의 견고한 성채에 새로운 성돌을 쌓는 작업으로 평가하며 당선시킨다.

『오늘의문학』 - 1998년 겨울호 통권 46호 1998. 12. 1.

박진남 수필 심사평

근원을 찾는 수필

낙락장송도 근원은 자그마한 씨앗이다. 그 씨앗이 싹트고 자라서 우람한 거목이 되는 것이다. 따라서 근원을 찾는 작업은 매우 의미 있고, 또한 가치 있는 일이다.

박진남의 수필 「개웅산 뻐꾸기」는 도시에 찾아온 뻐꾸기를 보면서 작가의 유년을 회상하게 된다. 그 유년에서 활기를 찾게 되는데, 그것은 근원에 대한 인간적 향수라 하겠다.

〈더 많은 새가 이 산을 찾아와 새들의 낙원이 될 수만 있다면 푸른 숲에서 새들의 합창 소리가 온 세상에 울려 퍼져 이 땅에는 미움도 원망도 사라지고 용서와 사랑이 가득 찬 아름다운 세상이 될 수 있을 것임을 굳게 믿어 본다〉고 말하고 있는 박진남의 소망이 모두 이루어지길 바라며, 그의 수필을 당선작으로 뽑는다.

『오늘의문학』 - 1998년 겨울호 통권 46호 1998. 12. 1.

역사적 해석이 신선하다

희곡은 연극으로 매듭짓기 위한 전단계라는 일반성을 뛰어넘어, 희곡 자체의 예술성을 추구하는 특수성을 갖고 있다.

손언정의 희곡 「신백제를 찾아서」는 패망한 나라의 유실된 역사를 새로이 재구성하고 재해석하는 뜻깊은 창작이다. 이미 보편화되고 일반화된 내용을 작품화하는 것도 의미가 있겠지만, 기존의 질서를 부정하고 그 바탕에서 결핍과 갈등의 새로운 요소를 찾아내어 독창적 형상화를 보이는 것, 이것은 정말 가치 있는 작업이다.

손언정의 이러한 작업이 희곡 자체의 예술성을 높이고, 나아가 연극화되어, 희곡의 지평을 새롭게 열기 바란다. 당선을 축하한다.

『오늘의문학』 - 1998년 겨울호 통권 46호 1998. 12. 1.

서사성의 시적 육화

이용주의 많은 작품 중에는 일반적 시 형태와 산문적 시 형태가 고르게 분포되어 있었다. 그중 산문적 형태의 작품이 삶의 예지와 철학적 견성을 보여주고 있어 믿음직했다.

자유시 속에는 형태적 속성까지도 자유로워야 한다는 주장도 있고, 시 형태는 시다워야 된다는 주장도 있다. 이용주는 전자에 의한 관점에서 시를 창작하고 있는 듯하다.

서사적 진실성과 상징적 다의성이 좋아 당선작으로 뽑았다. 당부하는 바는 시 형태보다 시의 문학성, 예술성의 발현에 온 힘을 기울여 달라는 것이다. 산문 형태의 시도 분명 시다워야 함을 재인식하고 인구에 회자될 작품 창작을 당부한다.

『오늘의문학』 - 1998년 겨울호 통권 46호 1998. 12. 1.

심상의 자연스런 묘사

시인은 예리한 통찰력과 남다른 상상력으로 내면의 그림을 문자화하고 있다. 작품 속에 심상의 그림이 자연스럽게 묘사되어 공감대의 형성에 이바지하는 작품이 좋은 작품이다.

이치영은 「고향집」에서 <정지문 열면/ 아스라한 현기증이/ 매운 눈물로 누워 있다/ … / 그곳/ 울 엄마 맨날 눈물 절은/ 나의 빈자리>라고 개성적인 작품을 제시하고 있다. 「새」에서 <끈 떨어진 바람에/ 거죽이 마르다, 무채색/ 가슴으로, 고향/ 두려움 없이 무덤을 튼다>는 놀라운 상상력을 보여주고 있다.

이런 형상화 작업은 쉽게 얻어지는 것이 아니다. 오랜 수련의 과정과 함께 시인의 창작적 소신이 빚어낸 결과로 보아 믿음직하다. 지속적인 정진으로 대성하기 바란다.

『오늘의문학』 - 1998년 겨울호 통권 46호 1998. 12. 1.

장사현 수필 심사평

인간성 회복에의 기대

〈이제 새롭게 피어오르는 향수는 산업 사회에 얽매어 있는 우리들의 인간성을 회복시킬 것으로 믿는다.〉

장사현의 「새롭게 피어나는 향수」 끝부분이다. 그는 도시 생활에서 전원생활을 동경하고 있다. 그러면서도 무조건적인 낭만이 아니고, 전원의 현실을 직시하고 있는 사람이다. 그러기에 사랑과 옹호라는 측면과 함께 비판적 필설은 매섭기까지 하다.

〈농촌에는 일할 사람도 없고 아가의 울음소리도, 닭 우는 소리도 들리지 않는다. 초등학교는 폐교 또는 통합되었고, 지난날 가을 운동회 정취는 찾아볼 수 없고 오솔길도 없어졌으며, 주인 없는 숲만 한적하다.〉면서 귀향의 긴요성을 설파하고 있다. 그의 글이 귀향의 모티브로써 큰 몫을 하리라 기대한다.

『오늘의문학』 - 1998년 겨울호 통권 46호 1998. 12. 1.

사랑과 봉사의 공무원상

수필은 무형식의 형식을 가졌다. 그러나 내적 울림이 잔잔한 파문을 만들어 낼 때 그 수필은 성공적이다.

장후남의 수필은 일선 공무원들의 따뜻한 마음과 봉사의 실천을 그려내고 있다. '지혜'를 통한 조그만 사랑, 그러나 그 사랑이 세상을 살맛 나게 하는 것이다. 또한 과거의 생활 모습에서 잃었던 가치를 재생하고 있다. 〈짙은 나무 냄새와 금세라도 소죽을 끓일 것만 같은 부엌, 그곳엔 여전히 예전 그대로의 여유와 언제나 우릴 기다려줄 좋은 분들이 있을 것이라는 확신이 있어 한결 마음을 가볍게〉 만들어 주는 것이다.

이와 같은 마음, 세상을 아름답게 조감하는 마음이 수필로 빚어질 때, 감동의 진폭은 크게 마련이다. 좋은 수필을 빚어낼 것이라는 확신이 든다.

『오늘의문학』 - 1998년 겨울호 통권 46호 1998. 12. 1.

홍현숙 시 심사평

생활 속의 시심

시는 상상력의 소산이라는 속성과 함께 진실성을 담고 있어야 한다. 사실 자체가 아니고, 비유와 상징에 의한 진실성이 모태라고 할 수 있다.

홍현숙은 생활 속에서 소재를 찾아 작품으로 승화시키고 있다. 자연스러우면서도 감동을 주는 소이연이기도 하다. 〈사라져간 뒷자락을 잡고/ 배들은 포구에 앉아 있다〉 〈만선의 깃발 펄럭이며/ 포구를 향해 닻을 내리던 어부들의 발걸음〉 〈바람은 갈잎을 깨우고/ 하구의 파도는 속삭인다〉 〈바람에 나부끼는 연초록의 바다〉 등에서 홍현숙의 실체를 찾는 것은 쉽다. 그만큼 홍현숙은 진실성을 바탕으로 창작하고 있다는 것이다.

진실을 토대로 한 훌륭한 작품을 기대해도 좋을 시인이다.

『오늘의문학』 - 1998년 겨울호 통권 46호 1998. 12. 1.

삶의 진실과 향기

삶의 진실이 들어 있는 수필, 진실의 향기가 침향처럼 묻어나는 수필이 그립다. 이에 값하는 작품을 만난다는 것은 그리 쉬운 일이 아니다. 그런데 김우영이 보내온 여러 편의 수필에는 삶의 진실과 향기가 오롯이 들어 있다.

「얼굴」은 노스님의 설법을 통하여 스스로의 운명을 개척해야 한다는 작가의 인생관이 작품 속에 자연스럽게 용해되어 있다. 「어머니」에서는 돌아가신 어머니를 추모하는 자식들의 정리가 무리 없이 승화되고 있다.

이런 작품을 창작하는 것은 쉽지 않다. 그러나 더 좋은 작품, 삶의 진실이 향내처럼 풍기는 작품 창작에 전념하길 바라며 작품을 당선작으로 뽑았다.

『오늘의문학』 - 1999년 봄호 통권 47호 1999. 3. 1.

내면의 서정적 형상화

시인을 진실의 파수꾼이라 하듯이, 내면의 진실에 서정적 옷을 입히는 것이 시인의 본령이다. 이러한 본분에 충실한 시인이 바로 김응길이다. 그의 시는 진실하면서 신선한 감동을 주고 있다.

<기다린다는 것은 행복한 슬픔/ 차창엔/ 어디서 많이 본 듯한/ 당신의 분신이/ 바람에 흔들거리고 있습니다>

「아버지」의 끝 연에서 시인은 선고(先考)에 대한 그리움을 이같이 형상화하고 있다. 직접적으로 토로하지 않았으나 보다 절절한 감동을 주는 형상화, 그것이 바로 김응길 시의 매력이다.

또한 「보령댐」에서는 <질타하듯 난무하는/ 갈바람이/ 그저 그저 넘실대고 있습니다/ 춤추고 있습니다>라며, 고향이 댐으로 변한 실향민의 허허로운 심정을 안타깝게 노래하고 있다. 이러한 내면을 서정적으로 노래하고 있는 작품은 보다 큰 감동을 주리라 믿고 있다.

『오늘의문학』 - 1999년 봄호 통권 47호 1999. 3. 1.

환경을 통한 양심의 발현

현대에 다시 대두되고 있는 난제 중의 하나가 환경문제라는 것은 그것이 바로 우리의 삶과 직결되어 있기 때문이다. 현대에 와서 환경에 대한 논의와 주장은 아무리 강조하여도 지나침이 없을 정도로 중차대한 명제가 되고 있다.

김중상의 「매일 죽는 江」은 한강에서 물고기 떼죽음 사건을 조사하는 담당 공무원의 이야기이다. 수술을 해야 하는 어머니, 수술비를 마련할 길이 없는 주인공, 환경 파괴 주범의 뇌물 공여, 권력기관의 횡포 등이 어우러져 눈을 뗄 수 없는 힘을 보인다. 주인공의 양심이 승리할 것이라는 암시로 끝맺음한 것도 능숙하다.

정말 좋은 소설의 출현이 절실하다. 좋은 소설을 빚어내는데 순정과 열성을 기대한다.

『오늘의문학』 - 1999년 봄호 통권 47호 1999. 3. 1.

그리움, 그 결 고운 서정

서정시는 결 고운 서정을 담고 있을 때 아름다운 법이다. 아름다운 시라야 많은 독자들의 심금을 울릴 수 있는 법이다. 그런 작품을 보여주는 김진문 시인을 당선시킨다.

장다리 노란 꽃잎에 별이 나는
이 봄을 어이 보낼 거나
세월의 수레바퀴 잡아둘 거나 (「새봄을 노래함」 일부)

잊혀질 만하면
얼어붙은 얼음장 뚫고
내 가슴에 앉아 졸고 있다 (「그리움 하나」 일부)

그리움을 노래하되 격정에 휘말리지 않고 숨 고르기를 하는 묘법을 터득하고 있다. 앞으로도 결 고운 서정이 빛나는 작품 창작에 진력할 것을 주문한다.

『오늘의문학』 - 1999년 봄호 통권 47호 1999. 3. 1.

시적 감수성과 결구의 멋

박철호의 시는 남다른 감수성을 바탕으로 직조되어 있다. 전편에 흐르는 서정과 함께 결구에서 보여주는 멋스러움이 시의 품격을 높이고 있다.

> 산 그림자 길게 눕는/ 음력 8월의 수용골엔/ 아직 설익은 신혼의 꿈이/ 아침처럼 하얗게 깨어나고 있다 (「수용골 메밀밭」 끝 연)
>
> 빈혈(貧血)의 영혼에 꽃그늘을 드리우는/ 석화산이 그립다
>
> (「석화산(石花山」 끝 연)
>
> 아침에 둥지 떠난 까치 몇 마리/ 석양을 물고 돌아오고 있다 (「貧村」 끝 연)
>
> 소양강이 내 안에 굽이쳐 흐르고 있다 (「소양강」 끝 행)
>
> 이종사촌 누나의 미소가/ 아침 햇살로 부서지며/ 저만치 앞서가고 있었다.
>
> (「소도 당골에서」 끝부분)

시행과 시연의 유기적 결합으로 새로운 이미지 창출에 성공하고 있다. 이런 시인이 있어 한국 현대시의 미래는 어둡지 않으리라는 믿음으로 당선시킨다.

『오늘의문학』 - 1999년 봄호 통권 47호 1999. 3. 1.

삶의 질곡을 형상화

〈그곳에 도착했을 때 적막감에 고막이 터져 나올 것 같았다. 사실 나는 그곳까지 가는 동안 줄곧 그곳에서의 일이 무엇을 의미하고 있었는지를 어렴풋이 알고 있었다.〉

윤규열의 「시인이 찾아간 세상」의 서두인데, 이 서두를 통해 작품의 성격을 유추할 수 있다. 이렇게 유추한 작품의 성격은 대체로 적중했지만 구체적 서사는 색다른 모습을 보이고 있다.

이 작품은 관찰자 시점을 통하여 사회의 모순과 병폐를 적시하고 있는 작품이다. 또한 〈아름다운 강〉이라는 몇 번의 반복과 〈죽음〉에 이르는 역설적 기법은 소설의 또 다른 맛을 보여주고 있다.

늘 보는 소설의 주제, 구성, 기법보다 새로운 소설의 출현을 기대하고 있다. 이에 부응하는 자세를 보여 한국 소설계에 새로운 바람을 불러일으키길 기대하는 마음 간절하다.

『오늘의문학』 - 1999년 봄호 통권 47호 1999. 3. 1.

현실 인식의 독자성

〈그곳은 새벽이 없다〉

이석명의 시「인력시장」의 첫머리에 있는 화두(話頭)에서 그가 견지하고 있는 현실 인식의 일단을 확인할 수 있다. 사실 이 화두는 역설적 성격을 띠고 있다. 왜냐하면 인력시장은 새벽부터 붐비기 때문이다.

〈노예 되어 끌려가는/
주인 옆엔 물오른 개새끼 한 마리 히죽거린다〉

여기에서 이석명의 독자성이 발현된다. 인력시장을 통하여 팔려 가는 노동자의 애환, 노동자의 비극적 현실을 희화화하고 있다. 이 같은 비판적 시각으로 시인은「보리」에서 <모진 겨울 지새고/ 칼끝 되어 돋아나는/ 한의 역사>를 노래했을 것이다.「나는 누구인가?」에서 <낭만도 사랑도/ 지쳐버린 육신에 숨어버려/ 피붙이조차 살갑잖은/ 나>로 자아를 인식하고 있는 것이다.

이석명의 예각적 시심이 현실에 대한 인식의 범위를 넓히고, 보다 섬세한 형상화 과정을 거쳐서 훌륭한 시인으로 우뚝 서기를 바란다.

『오늘의문학』- 1999년 봄호 통권 47호 1999. 3. 1.

함영빈 시 심사평

갈등과 수용의 미학

뜰채로 건져올린 밤이
아직도 바늘에 꿰어 퍼득거릴 때
멀리 별들은
떼 지어 산기슭으로 끌려간다

시가 무엇인지, 시를 어떻게 형상화해야 하는지, 본능적으로 체득하고 있는 듯싶다. 그만치 시의 본령에 충실하다는 느낌이다. 특히 함 시인은 객체에 의한 갈등, 내면의 주체적 갈등을 풀어내어 시로 보여주고 있다. 그러나 갈등에 침잠하지 않고, 갈등을 수용하거나 넘어서서 새로운 이미지 창출에 성공하고 있다.

부분적 마무리에 충실한다면, 근래 보기 드문 시인으로 대성할 듯싶다.

『오늘의문학』 - 1999년 봄호 통권 47호 1999. 3. 1.

사무사(思無邪)로의 지향(指向)

귀갓길/ 눈이 내린다//
늦어버린 귀향/ 산소에 엎드린/ 사십 줄 아들의 어깨 위/
이제사 하얗게 삭아 내리는/ 어머니 마른 가슴//
자분자분/ 괜찮다고/ 인자 되얏다고

남강수 시인의 「눈」 전문이다. 남 시인은 언어의 절제를 이미 터득하고 있다. 한 편의 시에 많은 사상을 주입시키려고 애쓰는 초보자들의 유치를 벗어나 있다.

삼계를 얼만큼 돌고 돌아야/ 저토록 가뿐할 숨결/
하늘하늘/ 가으내 떠돌 수 있을까//
햇살을 줍는 공원/ 어머니 야윈 손을 만지며/ 하염없이 우러르는//
아/ 저 소슬한 고요 (「잠자리」 후반부)

특히 감정의 무절제를 우려할 수 있는 사친(思親)에 대한 작품에서도 그는 놀라우리만치 절제미를 보이고 있어 대성을 기대할 수 있다.

『오늘의문학』 - 1999년 여름호 통권 48호 1999. 6. 1.

박상옥 시 심사평

생활시의 진수(眞髓)

시인들은 사상의 편린을 시에 접맥시키려는 의도를 보이기도 한다. 서정의 미묘한 떨림을 시로 빚어내기도 한다. 나름대로 의미 있는 작업임에 틀림없다.

박상옥 시인은 생활 속의 작은 이야기나 느낌을 소박하게 시로 빚어내고 있다. 「장독대」에서는 어머니가 겪은 여인들의 세월을 생각하며 〈봄빛에 실컷 울〉어 보고 싶다는 심상을 그리고 있다. 「꽂꽂이」에서는 그 행위에 대한 심리적 추이를 형성화하고 있는데, 〈버리는 아픔 끝에 최고로 태어나는/ 너의 절정〉은 시 창작의 과정과도 견줄 수 있는 것이다.

「좌판의 노인」에서는 〈리어카에 매달린 바이올린은/ 끝내 울지 않았다〉고 하여 생활의 절망적 질곡을, 「바람」과 「새벽일」에서는 세심한 관찰력을 작품으로 보여주고 있다.

작은 일에 충실한 사람이 큰일에도 충실할 수 있다는 믿음으로 당선시킨다.

『오늘의문학』 - 1999년 여름호 통권 48호 1999. 6. 1.

절제와 여백의 미

오양순 시인은 시상의 신선함, 언어의 절제로 하여 여백의 미를 구축하고 있다. 그리하여 읽을수록 여운이 남는 작품을 선보이고 있다.

그의 작품을 읽으며 박목월 시인의 「윤사월」「청노루」「불국사」 등 작품의 연상을 뿌리칠 수 없음은 절제와 여백의 공통점에 기인한 긴축미 때문이다.

시와 산문의 구별이 긴축과 확산에 의하여 이루어진다고 할 만큼, 시에서의 긴축미는 중요한 아름다움이다. 시인의 서정을 짧은 언어로 표현하여, 이미지의 제시를 주로 하는 긴축미는 생략의 멋스러움 · 압축의 멋스러움 · 여백의 멋스러움을 동반하여, 동양화 한 폭의 기법과도 상통한다.

시인이 갖고 있는 수많은 사상 · 감정을 직설적으로 모두 보여주는 것이 아니고, 가장 정선된 언어로 진실성을 얻고 있는 오양순의 시에 주목할 필요가 있다.

『오늘의문학』 - 1999년 여름호 통권 48호 1999. 6. 1.

정신병으로 고발한 사회 병폐

전쟁이 지나가고 나면 여인들의 수난이 늘 뒤따랐다고 한다. 6·25 역시 여인들은 유린되었다. 가난 때문에 몸을 팔았고, 폭력에 의해 희생되었으며, 외국에의 동경 때문에 살을 나누기도 했을 터였다.

이석민의 「머리 감기는 남자」는 6·25 이후, 어머니와 미군의 사이에서 태어난 혼혈아로서, 형언할 수 없는 고통을 받으며 정신적으로 병들어간 사람에 대한 이야기이다. 약물 중독에 의한 아버지의 분신, 어머니의 섹스 상대인 미군 로버트의 학대, 이들에 대한 분노로 저지른 방화, 이러한 사건을 겪으며 주인공은 성장했다. 어릴 때의 경험에 의한 정신병적 행위, 이로 인한 살인이 이 작품의 줄거리를 형성하고 있다.

이 작품은 정신병적 차원과 이민족에 의한 수난 현실을 고발한다는 이중성을 효과적으로 표출하고 있다. 소재를 발굴하는 능력과 함께 작품화의 표현기법이 개성적이다. 멈춤 없이 정진하기를 빌며 축하한다.

『오늘의문학』 - 1999년 여름호 통권 48호 1999. 6. 1.

소박하게 빚은 진실성

정재덕의 시는 소박한 진실성을 담고 있다. 특별한 기교를 부리지 않고, 마음이 움직이는 대로 자연스럽게 그려내고 있다. 현대시의 맹점 중의 하나는 기교의 과잉으로 인한 진실성의 훼손인데, 정재덕은 이를 잘 극복하고 있다.

「산다는 것은」에서는 〈산다는 것은 누구에게나/ 쓰디쓴 환약 같은 것〉이라고 잠언적 제시를 보이기도 하고, 「사랑을 나누고 싶다」에서는 〈누군가를 위하여/ 주어도 싫지 않고/ 퍼내어도 줄지 않는/ 샘물 같은 사랑〉을 소망하고 있음을 본다. 「진실을 향하여」에서는 순수한 신앙심을 보여주고 있으며, 「천호동 1박」에서는 성 문란에 대한 경계심을 객관적 묘사로 제시하였으며, 「도시 풍경」에서는 도시 생활의 부끄러운 일부를 형상화하고 있다.

그의 작품은 소박함에서 오는 또 다른 맛이 있다. 이 맛을 살리면서 개성을 찾아 훌륭한 시인이 되길 바란다.

『오늘의문학』 - 1999년 여름호 통권 48호 1999. 6. 1.

최미화 동시 심사평

동심의 고운 숨결

시를 쉽게 쓰면 동시가 되는 것처럼 착각하는 사람들이 의외로 많다. 그러나 이는 잘못되어도 한참 잘못된 생각이다.

동시는 동시다워야 한다. 동시는 시로서의 성공과 함께 동심을 담아야 한다는 이중적 산고(產苦)를 수반하는 것이다. 때 묻은 거울을 깨끗이 닦아서 맑은 거울을 만들듯이, 성인의 시각을 깨끗이 씻은 뒤에 동심의 꽃밭을 만들어야 한다.

최미화 시인의 동시는 이에 부응하고 있다. 「꽃씨 심기」「토마토」「야채가게 아저씨」「겨울밤」「휴전선」 등 5편 모두 건강한 동심이 아로새겨져 있다. 특히 「야채가게 아저씨」에서 한쪽 다리 절며 제일 먼저 새벽을 여는 아저씨에 대한 시각은 남다르다. 〈알록달록 과일처럼/ 싱싱한 야채처럼/ 아저씨 마음도 푸르지요// 아저씨는 마음속에/ 희망성에서 날아온/ 별 하나 키우지요〉에서 순수하고 아름다운 동심을 읽을 수 있다.

『오늘의문학』 - 1999년 여름호 통권 48호 1999. 6. 1.

한정자 수필 심사평

선친에 대한 애틋한 그리움

<어버이날 아침, 친정어머니와 통화를 했다. 농번기라 차려주는 밥도 못 먹을 지경이라 했다. 건강을 당부하고 수화기를 내려놓는데 누군가 내 심장을 툭 건드렸다. 동시에 속에서 울컥 무엇인가가 올라와 얼른 손으로 입을 막고 보니 그게 아니었다. 액체는 눈에서 주르르 흐르고 있었다. 아! 얼굴을 감싸고 주저앉으며 신음하듯 내 심장을 건드린 존재를 토해냈다. 아 · 버 · 지…/ ….

「마지막 자장가」의 서두이다. 연세가 많으신 아버지와 관련한 초등, 중등학교 시절의 심적 갈등에 대한 에피소드를 잔잔하게 형상화하고 있다. 그는 아버지의 사랑을 통하여 많은 유혹을 극복하고 있다. 특히 아버지의 침묵하는 사랑법과 밤새 토닥거리시며 불렀던 아버지의 마지막 자장가는 삶의 지표가 되었다.

혈육 간의 갈등이 사회문제로 대두되고 있는 현대, 메마른 사랑을 안고 살아가는 현대인에게, 한정자의 수필은 아름다운 힘을 보여주고 있다. 오랜만에 뛰어난 수필을 감상하는 기쁨을 누리며 당선작품으로 선정했다.

『오늘의문학』 - 1999년 여름호 통권 48호 1999. 6. 1.

수필의 멋과 맛

김선자의 수필은 읽을수록 맛이 나는 작품이다. 생활 속의 작은 일에서 소재를 찾아 아기자기하게 풀어내고 있다. 걸리적거리거나 넘치지 않게 삶의 단면을 그려내고 있다.

또한 김선자는 수필의 멋을 체득하고 있는 듯하다. 선천적이든지, 후천적이든지, 아니면 양자의 융합이든지, 그의 수필은 남다른 멋을 지니고 있다. <목관악기의 중후함도, 금관악기의 색정스러움도 없지만, 끊어질 듯 이어지는 여린 가락은 듣는 이의 속살로 안개처럼 파고든다> <문밖에서 바다는 만조로 출렁이고 대나무 그림자는 이리 나오라고 너울거렸다> 등의 표현은 좋은 수필의 뛰어난 부분이다.

김선자는 천성적인 수필가로 인식된다. 그러나 갈고닦지 않으면 순금도 때가 낀다는 것을 명심할 일이다.

『오늘의문학』 - 1999년 가을호 통권 49호 1999. 9. 1.

노인 문제 해결의 전범 제시

우리나라도 통계상 평균 수명이 70세가 넘어서고 있다. 이로 말미암아 노인 문제(복지, 할 일, 애정 등)가 현실적으로 대두되고 있는 것 또한 사실이다. 이러한 때에 박상훈의 소설은 하 노인을 주인공으로 하여 노인 문제 해결의 한 전범을 보여주어 시사하는 바가 크다.

박상훈의 소설은 구성 · 문체 등에서 미숙한 점이 산견된다. 그럼에도 불구하고, 70대의 노인이 용기를 내었다는 점, 노인 스스로 노인 문제를 다루었다는 점, 젊은이들이 생각해 내기 어려운 상황을 보여준다는 점에서 심도 있는 논의 끝에 선택했음을 밝힌다.

인생 70에 소설 창작이라는 새로운 영역을 개척했다는 점 하나만으로도 노인 문제 해결의 전범으로 충분하다는 생각이다. 기왕에 시작했으니 깊이 있는 천착을 구한다.

『오늘의문학』 - 1999년 가을호 통권 49호 1999. 9. 1.

박용주 시 심사평

시적 감수성과 결구의 멋

현대 물질문명의 영향으로 인해, 현대인은 사색을 기피한다고 걱정들이다. 즉흥적이고 말초적인 자극에 물들어간다고 걱정들이다. 문학도 대중성을 띠면서 그런 경향을 보이고 있어 뜻있는 사람들에게 노파심을 자아내고 있는 것 또한 사실이다.

박용주의 시는 이와 같은 기우를 말끔히 씻어주고 있다. 삶을 바라보는 눈이 관조적이어서 사색의 깊이가 남다르다. 〈손/ 탁/ 놓아/ 버리니// 별것 아니었다/ 아무것도 아니었다〉 〈오를 땐/ 오르는 것이/ 다인 줄 알았는데// 내려갈 일, 까마득하기만 하다〉 등에서 보여주는 시심이 그러하다. 또한「안개」를 걷어 버리고자 하는 마음과「새벽 기도」를 하는 마음은 건강한 시심의 투영이다.

신인은 새로움에 도전하는 특전을 가졌다. 그런 점을 숙지하고 일취월장하기를 당부한다.

『오늘의문학』 - 1999년 가을호 통권 49호 1999. 9. 1.

개성적인 문향(文香)

<사람에게도 개개인의 개성이라 할 수 있는 향기가 있음에도 이를 제대로 가꾸지 아니하거나 보살피지를 못하고 있는 것일 게다. 분명 향기는 무의미한 냄새나 악취와는 달리 자신만의 매력이란 향기를 만들 일이다>

박종국의 윗글에서처럼, 사람은 사람 나름의 개성이 있고, 글은 쓰는 사람의 개성과 인격이 드러나는 거울이다. 박종국의 수필은 자연을 대하면서 그 자연 속에 인간의 삶을 비추어, 삶의 철학을 찾아내고 있다.

앞으로도 그는 자연 속에서, 그리고 생활 속에서 예리한 관찰력으로 삶의 이치를 궁구할 것으로 보여, 그의 작품을 당선시킨다.

『오늘의문학』 - 1999년 가을호 통권 49호 1999. 9. 1.

방창록 수필 심사평

인간성 회복을 위한 수구초심

방창록의 「모유 예찬」은 특별한 소재가 아님에도 불구하고 현대인에게 재음미할 요소를 지니고 있다. 물질문명과 상업화의 홍수 속에서 인간이 가져야 할 최소한의 가치를 피력하면서, 자신의 체험을 바탕으로 형상화하여 잔잔한 감동을 주고 있다.

또한 「내 고향 와운리」에서는 잊혀가거나 멸실된 실향의 현주소를 적시하여, 현대적 문명사회와 반비례하는 정신적 수구초심을 그려내고 있다. 그러면서도 주관적 감상에 빠지지 않고 수필을 전개한 것은 그가 갖고 있는 수필가적 기질에 연유한 듯하다.

이런 수필, 날로 메말라가는 현대인에게 고향과 같이 푸근함을 느끼게 하는 수필의 창작에 박수를 보낸다.

『오늘의문학』 - 1999년 가을호 통권 49호 1999. 9. 1.

갈등과 선택의 의미

송원자의 수필 두 편은 갈등의 양상과 함께 현명한 선택의 방향을 제시하고 있다. 「변하는 것들」에서는 고향의 변화를 구체적으로 열거하고 있다. 자동차, 농촌의 주거환경, 모내기를 중심으로 한 영농 풍경 등에서 변화는 필연적이지만, 근본적으로 견지해야 할 요소를 찾아내고 있는데, 그것은 '훈훈한 인정'이다.

「가지 않은 길」은 자신의 생활을 소재로 하고 있다. 결혼 전후에 달라진 생활, 직장 남성과 여성의 차이, 꿈과 현실 등에서 마주치는 갈등을 합리적으로 해소하고, 누구든지 특정한 길을 선택해야 함을 역설하고 있다.

송원자가 인용한 프로스트의 「가지 않은 길」이란 시에서처럼 남들이 가지 않은 길을 가기로 그는 선택했다. 그의 선택이 그의 삶에 윤슬처럼 반짝이기를 빈다.

『오늘의문학』 - 1999년 가을호 통권 49호 1999. 9. 1.

아름다운 생활 자세

정남의 수필은 짧지만 그 속에 많은 의미를 간직하고 있다. 수필 그 자체의 의미도 중요하지만, 상징적 의미는 다양한 해석을 가능하게 한다.

「심부름센터」는 현재 가정에서 있을 법한 에피소드이다. 자녀들의 수고에 값을 쳐주어 근로의 소중함과 인식을 새롭게 하기 때문이다. 이 글에서 감동적인 것은 남매의 역할 분담이다. 서로 양보하고 얻어내는 그들의 협의를 대하면서, 우리나라의 정치가들도 이들을 본받았으면 하는 심정에서 현실 정치가들에게 일독을 권하고 싶다.

「어머니의 숙제」도 이 세상 모든 어머니들이 읽었으면 하는 작품이다. 덧붙여 세상 사람들 모두 어머니의 자식이란 점에서, 모든 사람들이 읽었으면 싶은 작품이다.

『오늘의문학』 - 1999년 가을호 통권 49호 1999. 9. 1.

혈육에 대한 지극한 사랑

권득용의 시는 생활 속에서 찾은 잔잔한 소재에 나름대로의 컬러를 입히고 있는데, 가족 관계에서 찾은 소재가 좀 더 감동적이다. 모든 사물의 근원에 가족이 존재한다는 의미로 보아도 될 듯하다.

「가난」이라는 제목에 대한 형상화는 간결하면서도 곡진하다. '가난'은 '어미의 메마른 젖' '아비의 기침 소리' '(나의) 석 달 자란 수염' '열아홉 나이에 집을 나간 아우의 얼굴'로 제시되고 있다. 낱낱의 이미지가 '가난'이라는 제재를 향하여 부챗살처럼 집약되어 있다. 이외에도 「천생의 연이라 해도」는 아내에 대한 사랑을 담고 있으며, 「아우를 보며」는 혈기 방장한 동생을 그려내고 있다.

권득용 시인은 가까운 소재로 설득력 있는 작품을 창작하고 있으니, 남다른 믿음이 간다.

『오늘의문학』 - 1999년 겨울호 통권 50호 1999. 12. 1.

김성자 시 심사평

신앙으로 빚은 시적 울림

> 후두둑 빗물 털어내는/ 새 깃털 소리가/ 새벽하늘에 꽂히면//
> 지쳐도, 산 육신으로/ 포도알 떨어지는 풍경 속에/ 서 있는 삶

김성자 시인은 신앙을 통해 어지럽게 펼쳐진 삶을 정제하는 힘을 갖고 있다. <어수선하게 펼쳐져 있던/ 生의 그림자들>이 그의 신앙에 따라 <꽃>으로 피어나게 되는데, 그는 이런 운명을 수용하는 관조적 자세를 갖는다. 이런 과정을 그는 밤과 새벽으로 인식하고 있으며, 이로 인해 그는 '새벽'에 대해 남다른 의미를 부여한다. <새벽이 오지 않는 길이라면/ 별을 노래할 수 없으리>에서 이는 입증된다.

앞으로도 올곧은 심성으로 결 고운 노래를 빚어낼 것 같다.

『오늘의문학』 - 1999년 겨울호 통권 50호 1999. 12. 1.

이미지 접합(接合)의 묘미

시에서 신선한 이미지를 찾아내는 것이 시인의 본령이다. 혹자는 이미지만으로도 시가 완결된다고 주장할 정도로 시에서 이미지는 중요한 요소이다.

김우배는 이미지의 결합에 남다른 재능이 있어 보인다.

「쥐똥나무 꽃」에서는 향기도 없이 까만 열매를 달고 있는 '쥐똥나무'와 꼬부려 잠든 아내(그녀) 이미지가 결합되어 있고, 「텃밭」에서는 '텃밭'과 '맏며느리 자궁'의 이미지가 접합되어 있으며 「콩나물은 물만 먹고 잘 자란다」에서는 '콩나물'과 '자녀'의 상징적 의미가 뚜렷하다.

이미지의 결합에 특별한 묘미를 간직하고 있는 김우배의 작품을 당선시킨다.

『오늘의문학』 - 1999년 겨울호 통권 50호 1999. 12. 1.

우정의 꽃으로 장식된 수필

김윤정은 여러 편의 수필을 보내왔다. 또한 응모하는 자신을 소개함에 있어 솔직하다는 인상을 받았다. <병실에 앉아 돌이켜보니 무엇 하나 쉽게 얻은 것은 없으나, 남들보다 뛰어난 재능도 가져 보았고 행운도 누려 본 지난 세월>을 반추하며 지금은 신체적으로 불편하다는 내용이었다.

여러 작품 중 선택한 수필은 「마리아 칼라스」는 중 · 고등학교 시절의 우정을 자연스럽게 기록한 글이다. 순수하고 꿈이 있는 글이면서 애틋한 우정의 참모습이 드러나 있어서 선택했다.

김윤정의 생활에 이번 당선이 희망이 되고, 삶의 새로운 계기가 되기를 빌어본다.

『오늘의문학』 - 1999년 겨울호 통권 50호 1999. 12. 1.

송기봉 수필 심사평

자연과 인공의 분기점

송기봉의 여러 수필은 자연과 조화를 이루는 현대적 삶에 초점이 맞추어져 있다. 인간은 자연을 개발하고 지배해 왔지만 그로 인해 받는 것은 바로 인간의 상처에 불과함을 잘 나타내고 있다.

「두 얼굴」은 직장이 있는 강원도의 산촌에서 출발하여 서울을 거쳐 가정이 있는 인천에 도착하는 여정의 기록이다. 그 여정 속에서 자연에 대한 예찬과 고마운 마음, 그리고 현대 물질문명의 폐해와 안타까운 마음을 찾아 글로 쓰고 있다.

앞으로 현대 물질문명이 발달하면 할수록 자연에 대한 지향은 커질 것이다. 그의 수필이 시대적 요구에 부응하는 작품으로써의 역할을 다하리라 믿는다.

『오늘의문학』 - 1999년 겨울호 통권 50호 1999. 12. 1.

이성종 수필 심사평

애절한 추억으로 수놓은 글

빌은 빛난다/ 흙의 향기도 그윽한 저녁/
문 여는 소리 나면 모래 밟는 구두 발자국 소리/
달려가 뜨거운 마음에 손을 잡으면/
별빛에 떠오르는 꽃 같은 그대 모습

이성종의 수필 「별이 빛나건만」에 인용된 오페라 가사의 일부이다. 이처럼 아름답고 애절한 추억을 수필로 창작하여 보여주고 있는 집필은 남다른 감동을 주게 마련이다.

'별은 빛나건만 꿈은 사라지고 죽음만이 다가온다.'라고 외치며 최후를 맞는 것처럼 위안과 눈물을 주는 것은 없게 마련이다.

감동을 주는 수필, 그리하여 감동을 받는 수필, 공감의 숲을 함께 거니는 수필 창작에 매진할 것을 주문하며 당선시킨다.

『오늘의문학』 - 1999년 겨울호 통권 50호 1999. 12. 1.

애증의 골짜기를 건너

장진선의 「나침반」은 재력이 있는 아버지가 아들을 낳으려고 여러 명의 첩치가를 하다가 결국 죽는다는 내용이다.

이 작품은 내용 면에서 우리 전통사회에 대한 여성의 시각을 극명하게 보여주고 있다. 물론 권리를 찾기 위한 도전적인 것도 아니며, 약은 술수로 권리를 찾고자 하는 것도 아니다. 그러면서도 여성이기에 겪는 아픔을 통하여 독자에게 전달하는 메시지는 강렬하다.

또한 이 작품은 구조면에서 특이한 구성을 하고 있다. 딸의 입장에서 서술하지만 극히 작은 부분에서 망자의 본부인, 즉 주인공의 어머니 입장을 대변하는 일기의 인용이 보인다.

앞으로 좋은 소설을 창작하리라는 기대로 당선시킨다.

『오늘의문학』 - 1999년 겨울호 통권 50호 1999. 12. 1.

조극래 시 심사평

희망을 향한 도(道)의 과정

저 길을 따라가면/미소 지으며 서 있을/

그리운 내 희망의 천사 (「길」 중에서)

조극래의 시는 대조적 심상에서 출발하고 있다. 부정적인 심상과 긍정적인 심상이 이원화되어 있는데, 언제나 희망을 향한 도(道)의 과정이 형상화되어 있다.

이것은 작품에서 비유적 심상으로 나타나기도 하며, 「산」에서는 직접 표출되기도 하는데, '동안거' '구두 삼매' 등에 연유된다. 특히 「달팽이」에서는 〈무거운 집을 지고 다녀야만 하는 운명의 굴레〉를 인식하고 〈고마운 마음〉을 찾고 있다.

조극래는 '별꽃' '눈빛' '꿈' 등으로 연계되는 바, 희망적이고 맑은 시심을 찾아낼 것으로 믿는다.

『오늘의문학』 - 1999년 겨울호 통권 50호 1999. 12. 1.

문학창작의 첫사랑 ❶
리헌석 심사평 모음집

발 행 일 | 2024년 3월 20일
지 은 이 | 리헌석
발 행 인 | 李憲錫
발 행 처 | 오늘의문학사
출판등록 | 제55호(1993년 6월 23일)

주　　소 | 대전광역시 동구 대전로 867번길 52(한밭오피스텔 401호)
전화번호 | (042)624-2980
팩시밀리 | (042)628-2983
전자우편 | hs2980@hanmail.net

계좌번호 | 농협 405-02-100848(이헌석-오늘의 문학사)
카　　페 | cafe.daum.net/gljang(문학사랑 글짱들)
인터넷신문 | www.k-artnews.kr(한국예술뉴스)
계좌번호 | 농협 405-02-100848(이헌석 오늘의문학사)

공 급 처 | 한국출판협동조합
주문전화 | (02)716-5616
팩시밀리 | (02)716-2999

ISBN 979-11-6493-315-0
값 25,000원